缩微胶片质量检测
原理、方法和图谱

全国图书馆文献缩微复制中心　编

国家图书馆出版社

图书在版编目（CIP）数据

缩微胶片质量检测原理、方法和图谱 / 全国图书馆
文献缩微复制中心编． -- 北京：国家图书馆出版社，
2025. 6. -- ISBN 978-7-5013-8564-5

Ⅰ．G255.72

中国国家版本馆 CIP 数据核字第 2025KN9689 号

书　　名　**缩微胶片质量检测原理、方法和图谱**
　　　　　　SUOWEI JIAOPIAN ZHILIANG JIANCE YUANLI、FANGFA HE TUPU
著　　者　全国图书馆文献缩微复制中心　编
责任编辑　高　爽　张亚娜
责任校对　郝　蕾
封面设计　耕者设计工作室

出版发行　国家图书馆出版社（北京市西城区文津街 7 号　100034）
　　　　　　（原书目文献出版社　北京图书馆出版社）
　　　　　　010-66114536　63802249　nlcpress@nlc.cn（邮购）
网　　址　http://www.nlcpress.com
排　　版　北京旅教文化传播有限公司
印　　装　河北鲁汇荣彩印刷有限公司
版次印次　2025 年 6 月第 1 版　2025 年 6 月第 1 次印刷

开　　本　710mm×1000mm　1/16
印　　张　17.25
字　　数　270 千字
书　　号　ISBN 978-7-5013-8564-5
定　　价　128.00 元

《缩微胶片质量检测原理、方法和图谱》
编写委员会

序

去岁仲夏，全国图书馆文献缩微复制中心（以下简称"缩微中心"）的王磊主任对我说，在缩微中心成立 40 周年之际，缩微中心想出版一本关于缩微胶片质量检测的教材类书籍，书籍内容主要是关于缩微胶片质量检测的流程、原理、操作步骤等，还会列举一些经典的胶片质量检测案例进行解析，书名待定。王磊主任还说，这事已经交给樊向伟主抓，缩微中心相关岗位的同志都要参加，而跟我说这事，就是想聘我当技术顾问。我听了很高兴，倒不是因为承他们抬爱，让我当什么顾问（我常常觉得，缩微中心的同志常年从事缩微复制工作，论经验要比我丰富得多，我应该向他们求教才是），实在是因为出这样一本书是一件大好事。好在何处？我觉得可以从三个方面来说，或者说有三好。

一好是当前国内缩微界确实需要这样一本新的缩微摄影技术专业工具书。

首先，国内现有的一些关于缩微技术的专业书籍，很大程度上显得有些落伍了。例如，在国内缩微界影响很大的《缩微摄影技术等级标准培训教材》出版于 1997 年 4 月，至今已有整整 28 年。这期间，缩微技术已经发生了很大的变化。尽管我本人就是这本书的编委之一，但我本人自用的那本《缩微摄影技术等级标准培训教材》里，很多页面上已经密密麻麻地添加了很多红色标注，尤其是关于国家标准和国际标准技术内容的标注。众所周知，标准是质量的依据，而国家标准每五年都要经历一次复审，仍然适用的予以确认继续有效，部分内容不适用的则予以修订，完全或基本不适用的则予以废止。所以，当王磊主任说起出书一事并聘我做顾问时，我当即履行顾问的职责，提出应突出标准化这条主线。后来这个建议确实被接受了——书中以列表的形式，给出了相关的现行有效的国家标准化文件，以及与之相对应的国际标准化文件，在相关章节内参考和引用的标准文件也以脚注的方式列出，方便读者对照使用。

其次，本书突出了胶片质量图谱，强化了它的实践指导意义，这是以前相关书籍所没有的。以往的各类教材、研究论文中对缩微胶片质量检测虽有诸多研究，但从胶片质量图谱角度入手还属首次。俗话说得好：一画抵千言。缩微中心作为国内公共图书馆文献缩微工作的领导者和组织者，有义务、有必要，当然也有资源，从图谱入手，为全国的缩微工作者，首先是公共图书馆的缩微工作者，提供标准一致、生动形象的缩微胶片质量检测方法和操作流程，从整体上系统提高缩微胶片的入藏质量。本书通过大量的案例图谱，将缩微胶片可能出现的质量问题准确地展现出来，让读者能够直观地了解胶片质量问题，并据此迅速找到解决方法。这种理论与实践相结合的写作方式，为缩微胶片质量检测工作提供了极具实用价值的指南，无论是经验丰富的行业老手，还是刚刚入行的新人，都能从中获得启发。

二好是让年轻人挑大梁。这里必须给缩微中心点个赞。为什么？现在社会上有一个很不好的风气，就是一些领导同志对于编书这事，往往见荣誉就上，他们占据了主编的位子，却把实际的工作担子放在年轻人的肩上。可喜的是，缩微中心没有沾染这种恶习，把主编的担子直接放在了年轻有为的樊向伟肩上。事实证明，樊向伟同志没有辜负缩微中心的希望，他带领写作班子，很好地完成了全书的编写工作。

三好是编写班子采取了具有广泛代表性的团队形式，让缩微中心相关工作岗位上的同志都参加到写作班子。坦率地说，随着技术的发展，传统的缩微技术已经经历多次冲击，缩微摄影工作队伍面临着逐渐紧缩的局面。从大的方面说，普通的照相胶片已经基本消失，普通人对于胶片摄影基本没有了感性认识；从小的方面说，在数字影像技术的冲击下，缩微摄影队伍中的一些同志也难免逐渐失去了自信，像缩微中心这样有缩微摄影专业队伍的，在国内已属凤毛麟角。我曾在不同场合呼吁：要保住缩微中心这样一支强有力的缩微技术队伍，确保国内缩微技术能够顺利地传承下去。对于一本书而言，编写人员可多可少，多也好，少也好，一般无可厚非。换个角度说，多有多的好处，少有少的好处。但我个人认为，这次 18 人组成编写委员会的做法非常好。为什么？因为它不仅有利于编写工作本身，更有利于缩微中心这个团队的建设。缩微中心各个岗位的同志都积累了相当多的实践经验，由他们将自己的实践经验总结到书稿中（他们之中的一些人也曾以论文的形式总结过自己工作的经验），是对他们工作的肯定和鼓舞，这既有利于保证书稿的质量，也有利于缩微中心这个团队的建设。

在当今数字化时代，缩微技术面临着前所未有的挑战。计算机技术和互联网的迅猛发展，让电子文档的存储与传播变得极为便捷，这在一定程度上对缩微行业造成了冲击。但我们也应看到，缩微胶片作为一种具有高稳定性和耐久性的信息载体，在信息保存的安全性和长期性方面，依然具有不可替代的优势。缩微影像的直观性——仅仅利用简单的光学放大装置就能看到原件的全貌——是任何数字技术所不具备的。尽管数字影像技术的地位得到不断的提高与肯定，但数字影像的潜在问题却从未消失。这里我可以举两个亲身经历过的例子。

第一个例子是关于数字影像真实性的例子。2019 年 4 月在中国文献影像技术协会与全国文献影像技术标准化技术委员会联合会议上，两会代表有一个合影。当时的两会秘书将合影照片通过电子邮箱发给我，顺便说了一句："这个合影是要存档的。"我看了照片，突然发现合影中的第三排左数第六人脖子右侧赫然长着一双眼睛！太恐怖了！于是我赶忙把这一"重大发现"告诉了两会秘书。对方查看了自己发送的合影影像，确认了这一奇怪现象，于是立刻与摄影方进行了联系。摄影方将这个照片重新发送了一次，多出的这双眼睛就没有了。联想到网上多次看到过的关于电子照片上莫名其妙出现"鬼影"的传闻，可想而知，这种潜在的危险绝非个例。

第二个例子是关于数字文件完整性的例子。全国文献影像技术标准化技术委员会一分会在 2023 年实施一个国家标准项目（国家标准化指导性技术文件《文献管理　数字保存　模拟记录成银 – 明胶型缩微品》的制定，项目编号 20230671–Z–469）时，发现全国文献影像技术标准化技术委员会秘书处提供的 ISO/TC 171 的 ISO/TR 18160:2014 的文件文本，竟然整整缺了一页！而秘书处的答复是：国家图书馆存档的文本就是没有这一页！项目组不得不从另外的渠道搞来了完整的文本，这样才得以完成了国家标准化指导性技术文件起草任务。

类似的例子还有，这里就不一一列举。之所以说这些，无非就是希望缩微摄影工作者能坚定信心，不要因技术的飞速发展而迷失了方向，失去了信心。

展望未来，缩微技术将在数字化浪潮中找准定位，发挥更大的作用。随着人们对文化遗产保护意识的不断提高，缩微技术在图书馆、档案馆、博物馆等领域的应用将更加广泛。同时，缩微技术与人工智能、大数据等新兴技术的结合，也将为行业发展带来新的机遇。通过人工智能技术，可以实现对缩微胶片质量的自动化、智能化检测，大大提高工作效率和准确性；借助大数据分析，能够对缩微品的保存环境进行优化，延长其使用寿命。

缩微事业是一项伟大而神圣的事业，它承载着人类的历史与文化，连接着过去、现在和未来。这本书，不仅是对缩微胶片质量检测领域的一次有益探索，更是对缩微事业的一次深情告白。我相信，这本书的出版，将对我国缩微行业的发展产生积极而深远的影响，为我国缩微技术的进步提供有力的支持。

在此，我向本书编写团队表示衷心的祝贺，也向所有为缩微事业默默奉献的同行们致以崇高的敬意。让我们携手共进，为缩微事业的美好明天而努力奋斗！

李铭

2025 年 4 月于北京

前　言

　　全国图书馆文献缩微复制中心自 1985 年成立以来，先后带领 25 家成员馆、19 家资料馆有组织、有计划地使用缩微摄影技术开展珍贵文献抢救工作，为我国文献的长期保存保护做出了突出贡献。截至 2024 年底，已经累计完成 19.98 余万种，共计 8425 余万拍各类文献的缩微拍摄。国内公共图书馆的缩微工作经过近 40 年的发展，其技术已基本成熟。目前，缩微中心已实施 70 余项国家标准和近 40 项行业规范，对缩微工作的高效高质发展起到规范保障作用。

　　缩微胶片最重要的使命是文献信息的异质备份和长期保存，因此对缩微胶片质量的控制至关重要。缩微胶片的质量不仅关系到缩微胶片的拷贝复制、读者服务，更重要的是关乎文献的长期保存和传承，因此通过各种策略和方法提高缩微胶片的质量是缩微工作的重要内容。本书致力于剖析缩微胶片质量检测的流程、原理及操作技巧，并结合典型质量案例进行问题解析，旨在管控和指导缩微胶片生产的各个环节，并以真实案例警示各类缩微技术人员，最终达到提高缩微胶片质量的目的。本书中涉及的缩微胶片包括缩微原底片（第一代缩微胶片，俗称母片）、拷底片和拷贝片。在介绍缩微胶片质量检测基础后，以缩微原底片的质量检测为重点进行质量检测框架和检测内容的详述。同时，简要介绍拷底拷贝片的质量检测。最后，通过解析缩微胶片生产过程中的各类质量问题，探究缩微胶片质量检测的基本原理、标准化质量检测流程和要求，借助生动的问题胶片实例规范缩微胶片生产的各个环节。

　　为帮助读者快速了解本书的章节设置和全书结构，提高阅读和使用效率，现将本书各章主要编写人员、内容和特点等作如下介绍。

本书主要分为四大部分，其中第一部分为缩微胶片质量检测基础和框架，涵盖第 1 章至第 3 章，具体内容和分工如下：

——第 1 章为概述，主要对缩微摄影技术的相关概念进行介绍，并对缩微胶片质量检测的意义和相关标准规范进行详述，由樊向伟和常慧慧执笔编写。

——第 2 章为缩微胶片质量检测基础，涵盖缩微胶片质量的影响因素、质量检测设备、质量检测方法和质量检测注意事项，由张莉和单子睿执笔编写。

——第 3 章为缩微胶片质量检测框架，主要涵盖胶片质量检测原则、质量检测项目选择、质量检测流程（四绕八检法）以及缩微胶片质量等级的划分，由房明和田家豪执笔编写。

第二部分为缩微原底片质量检测要求，涵盖第 4 章至第 12 章。其中，第 5 章到第 12 章与标准化质量检测流程的 8 个步骤一一对应，具体内容和分工如下：

——第 4 章为质量检测准备，主要内容涵盖设备准备、单据和胶片准备，由史鹏超执笔编写。

——第 5 章为解像力检测，主要内容涵盖解像力的特征、质量因数法、解像力标准要求和检测步骤，由史鹏超执笔编写。

——第 6 章为标板检测，主要内容涵盖标板的类型、顺序及缩率，由马红旭执笔编写。

——第 7 章为密度检测，主要内容涵盖密度要求和检测方法，由黄征执笔编写。

——第 8 章为外观检测，涉及胶片上各类非文献内容的质量因素，包括水渍、药渍、污痕、指纹印痕、划伤、曝光、异物等，由肖波执笔编写。

——第 9 章为著录检测，主要检测摘录信息的准确性。以书刊类文献为主要论述文献，辅以说明其他文献类型（如古籍、报纸、数转模等），摘录信息包括书名、责任者、出版机构、出版地、出版年、版本、附注项、细目等，由程积安、陶欣和安晓奇执笔编写。

——第 10 章为内容检测，主要为再次核对正文信息和著录信息的一致性。这时需要胶片正文（原文献）、整理清单、题名标板、著录标板（系统数据），这 4 处信息的一致，达到四位一体的效果，并根据点书情况逐页检测胶片内容的清晰度和完整度，避免虚拍、漏拍、重拍等，由宋歌和李嘉仁执笔编写。

——第 11 章为补片，主要介绍补片原则和接片操作，由王东芹执笔编写。

——第 12 章为其他工作，主要介绍护片条填写、标签打印和粘贴等成品包装工作，以及根据产量表模板统计产量，由王东芹执笔编写。

第三部分为缩微拷贝片质量检测要求，包括第 13 章。拷贝片的检测项目与原底片相比较少，主要包括解像力、密度和外观等，由宁波和李光耀执笔编写。

第四部分为缩微胶片质量图谱，涵盖第 14 章至第 18 章，主要列举缩微胶片生产过程中（胶片前整理、拍摄、冲洗、补片和包装、拷底拷贝等环节）的各类案例，通过问题图谱、问题解析、标准操作回顾及解释胶片生产的各个难点或易出问题环节，为操作人员作出形象化展示，从而起到宣传警示作用，在助力规范胶片生产操作的同时，提高胶片整体质量。本部分图像由樊向伟负责采集，房明、田家豪协助，第 14 章至第 17 章中缩微原底片质量图谱的问题解析由樊向伟负责编写，第 18 章中缩微拷底拷贝片质量图谱的问题解析由李光耀负责编写。

全书由樊向伟搭建编写框架，提出并构建"四绕八检法"标准质检流程，以及负责全书的统稿修改。

本书案例均来源于近 40 年来缩微中心各成员馆在业务实践中出现过的具体问题。这些问题经过积累、梳理和总结已成为总结业务经验、提升胶片拍摄质量、培养业务新人极为宝贵一手材料。在此，谨向 40 年来始终坚持开展文献缩微业务、自觉担负起珍贵文献异质保护责任的图书馆致以崇高敬意；同时，向战斗在缩微业务第一线的缩微工作者致以深深感谢。

本书可作为缩微胶片质量检测的标准化操作指南，书中提供的缩微胶片生产相关案例，也可供各生产环节参考。同时，各类相关机构在检测各类文献胶片质量时，也可参照本书的方法和标准。值得一提的是，本书编写过程中十分注重对文献缩微标准化文件及业务规范的引用，在 1.3 节详细列出了缩微胶片质检过程中经常参考的标准化文件和业务规范，全文中首次引用时，会以脚注形式列出其标准引用格式，希望各位读者多关注标准规范的原文，有条件的可直接阅读标准规范原件。

本书是缩微中心原底片（母片）质检团队多年质检经验的总结，并由缩微中心多位具有丰富实践经验的同志共同编写。本书不仅具有较高的实际操作价值，而且体系完整、逻辑清晰，有助于各级从事文献缩微工作的公共图书馆或其他机构系统掌握缩微胶片质检知识。同时，期望本书能够规范和指导这些机构开展缩微胶片质检工作。本书内容繁多，且限于编委会的编写水平，难免有所疏漏，不当之处敬请批评指正。

樊向伟

2024 年 11 月于国家图书馆

目　录

第一部分　缩微胶片质量检测基础和框架

第二部分　缩微原底片质量检测要求

第三部分　缩微拷贝片质量检测要求

第四部分　缩微胶片质量图谱

图目录

表目录

第一部分　缩微胶片质量检测基础和框架

1 概述

1.1 相关概念

缩微技术经过百余年的发展,在文献保护领域已成熟并形成体系。一系列相关标准规范的颁布,带动了缩微工作的规范化和标准化。本书在编写过程中,采用了 GB/T 6159《缩微摄影技术 词汇》①②③④⑤⑥⑦⑧ 系列标准中的相关术语和定义,对缩微胶片质量检测过程中的专业词汇进行界定和规范,从而明确缩微胶片质量检测工作中的专业用语和术语适用范围。

---

① 全国文献影像技术标准化技术委员会第七分委员会.缩微摄影技术 词汇 第1部分:一般术语:GB/T 6159.1—2014［S］.北京:中华人民共和国国家质量监督检验检疫总局,2014.

② 全国文献影像技术标准化技术委员会第七分会.缩微摄影技术 词汇 第2部分:影像的布局和记录方法:GB/T 6159.2—2011［S］.北京:中华人民共和国国家质量监督检验检疫总局,2011.

③ 全国文献影像技术标准化技术委员会第七分委员会.缩微摄影技术 词汇 第3部分:胶片处理:GB/T 6159.3—2014［S］.北京:中华人民共和国国家质量监督检验检疫总局,2014.

④ 全国文献影像技术标准化技术委员会第七分会.缩微摄影技术 词汇 第4部分:材料和包装物:GB/T 6159.4—2014［S］.北京:中华人民共和国国家质量监督检验检疫总局,2014.

⑤ 全国文献影像技术标准化技术委员会第七分会.缩微摄影技术 词汇 第5部分:影像的质量、可读性和检查:GB/T 6159.5—2011［S］.北京:中华人民共和国国家质量监督检验检疫总局,2011.

⑥ 全国文献影像技术标准化技术委员会第三分委员会.缩微摄影技术 词汇 第6部分:设备:GB/T 6159.6—2003［S］.北京:中华人民共和国国家质量监督检验检疫总局,2003.

⑦ 全国文献影像技术标准化技术委员会第七分会.缩微摄影技术 词汇 第7部分:计算机缩微摄影技术:GB/T 6159.7—2011［S］.北京:中华人民共和国国家质量监督检验检疫总局,2011.

⑧ 全国文献影像技术标准化技术委员会第七分委员会.缩微摄影技术 词汇 第8部分:应用:GB/T 6159.8—2003［S］.北京:中华人民共和国国家质量监督检验检疫总局,2003.

1.1.1 缩微摄影技术

缩微摄影是使用缩微摄影设备将原件记录在感光材料（一般为胶片）上的技术及过程[①]，摄影过程中将原件的缩小影像（缩微影像）记录在感光材料上，可以起到异质保存或备份作用。包含缩微影像且需经放大阅读、用于信息交流或存储的载体，均可称为缩微品，主要是卷式或片式缩微品。在文献缩微工作中，相较于缩微品，缩微胶片的称谓更为通用。根据语境的不同，缩微胶片通常有不同的含义：一个含义是指未经曝光和冲洗的胶片，即生胶片，实际是缩微生胶片的简称（见 GB/T 6159.4—2014 的 3.9 条），可用于记录和存储缩微影像；另一个含义是 GB/T 6159.4—2014 的 3.10 条中规定的制作完成并记录了缩微影像的胶片（包括各种规格和各代），即条式或卷式的缩微品，这是本书论述的主要对象，而非缩微生胶片。缩微胶片根据不同的感光材料、用途、解像力、感光度、感光性等分为不同的种类。自 2000 年以来，在文献缩微工作中一般使用银盐缩微胶片，这是因为银盐胶片具有感光速度快、成像质量好、影像性能稳定、便于长期保存等特点。根据工作实际，本文质检的胶片对象一般为卷式涤纶明胶型缩微胶片，胶片质检过程规范称为缩微胶片质量检测，在缩微摄影等语境中酌情使用缩微品的概念。

缩微摄影技术是与缩微品的制作、管理、使用相关的技术，它采用专业的摄影设备，利用光化学工艺将经过编排整理的原件（古籍文献、书报刊等）缩小呈现在感光材料上，并经过冲洗、质检、拷贝等操作制成各种缩微品，利用检索系统、放大还原设备提供阅览服务，以及建立标准化库房对缩微品进行恒温恒湿保存。缩微摄影技术为纸质等文件提供了异质保存方案，实现了长期保存的目的，同时在保护文献原件的基础上提升了文献保护效能。

2011 年，全国图书馆文献缩微复制中心（以下简称"缩微中心"）开始数转模工作，拉开了国内数字图像转换缩微胶片规模化加工的序幕，在异质备份数字资源的同时加快了缩微转换效率。近年来，缩微中心开展彩色缩微拍摄，解决了传统缩微拍摄中文献色彩丢失的技术难题，并探索了少数民族语言文字的彩色缩微拍摄，进一步扩大缩微拍摄的范围并提升了技术水平。

---

① 《缩微摄影技术等级标准培训教材》编委会.缩微摄影技术等级标准培训教材［M］.北京：北京图书馆出版社,1997.

1.1.2　缩微品的代

在缩微品逐级制作的过程中，其所处的辈次称为缩微品的"代"，常见的有第一代、第二代、第三代缩微品。使用缩微摄影机直接拍摄的原件在经过冲洗等操作后制成的缩微品称为原底片或第一代缩微品。一般来说，经缩微拍摄后只能得到一份原底片，为了保证原底片的长期保存品质，其不直接作为对外服务的缩微品使用，需要对原底片进行拷贝，以拷贝的副本提供各种服务。

制作缩微品副本的过程为缩微品拷贝。从广义上讲，在缩微拷贝过程中被拷贝的缩微品为母片，而经过拷贝后制作而成的缩微品为拷贝片。因此，原底片是一种母片，可用于制作拷贝片。狭义上，在缩微工作中将原底片专称为母片，而根据原底片拷贝的第二代缩微品为拷底片，再根据拷底片制作的第三代缩微品称为拷贝片。拷底片是为了大量复制而制作的中间片。制作完拷底片后，原底片则作为国家文献战略资源存储在国家缩微母片库中，不再提供拷贝服务，并与其他类型的拷贝片实现异地灾害备份管理，日常缩微工作中以第二代拷底片为主，读者服务以第三代拷贝片为主。

1.1.3　缩微品的极性

缩微影像上字符线条与影像背景的明暗关系同原件相比改变或保持的性质称为缩微品的极性，正像用 P（Positive）表示，负像用 N（Negative）表示，如原件为 P，原底片为 N，则极性改变；而原底片上 N，第二代拷底片为 N，则极性保持。除彩色缩微原底片，或原件本身为黑底白字的文献外，一般制作的原底片均为负像。原底片的负像属性是基于缩微摄影系统的成像特点形成的，而各代拷贝片可根据需要选择拷贝为正像或负像，见图 1-1。

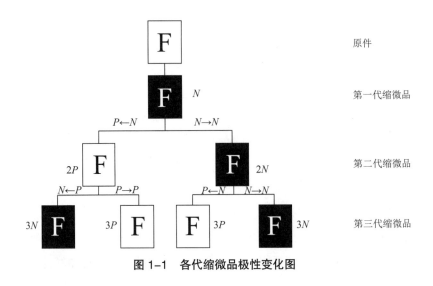

图 1-1　各代缩微品极性变化图

1.1.4　缩微胶片的质量

质量是一组固有特性满足要求的程度，通俗来讲，就是产品或服务的预期功能和性能[①]，这些功能和性能既能满足相关要求，又能让使用者感知到其价值。而缩微胶片的质量是指制作完成的缩微胶片的优劣程度，涉及一系列相关指标和要求。其中，部分指标可以通过严格的测量仪器进行测量，部分则通过主观感知判断其是否符合要求。因为缩微胶片的制作是一套复杂的涉及光学、化学的精密过程，任何一个环节出现问题都会影响缩微胶片的质量，如原件的质量、感光材料的性能、拍摄器械的稳定性、冲洗条件（包括冲洗温度和速度、药液浓度等）的变化、数据制作的准确性、各工序之间的协调度，甚至是人为或意外因素等。

1.2　缩微胶片质量检测的意义

缩微胶片的质量检测是缩微胶片生产过程中的重要环节，也是缩微胶片生

---

① 中国标准化研究院,国家认证认可监督管理委员会,中国认证认可协会,等. 质量管理体系　基础和术语:GB/T 19000—2016［S］.北京:中华人民共和国国家质量监督检验检疫总局,2016.

产的最后一道关卡。在各类缩微胶片的质量检测中，原底片的质量检测是重中之重，经检测合格的原底片，其纸本文献原件一般不再提供各类服务，且缩微原底片经拷底复制第二代缩微品后，将入藏国家缩微母片库永久保存，一般情况下也不再提供拷贝等服务。在日常缩微工作中，拷底片用作工作用片，第三代拷贝片用于读者阅览服务。因此，缩微胶片质量检测是否合格不仅关系到珍贵典籍文献原件能否有效地得到异质备份，还关系到文献内容能否在缩微胶片的承载下具有更久的生命力，更关系到能否为当前及未来的读者提供优质的缩微胶片服务。

1.2.1 保证缩微胶片和缩微工序的质量

缩微胶片质量检测是通过专业的缩微测量设备对缩微胶片的各项质量指标进行测量，以确定缩微胶片是否达到各项质量指标，以及确保缩微胶片是否符合长期保存的质量要求。缩微胶片的质量包括缩微胶片的物理质量和内容质量。物理质量包含胶片的固有质量，如胶片的解像力、拉伸承载力、厚度等，以及制作完成的缩微胶片的外观、接头等情况。内容质量则是反映原件在缩微胶片上呈现的完整度、清晰度，以及在文献前整理和拍摄时使用的各类标板和符号是否规范和完备等。

在检测缩微胶片质量的过程中，还可以通过缩微胶片质量的变化评估影响缩微胶片质量变化的因素，并以质量检测结果对缩微胶片生产的各个环节进行指导，以达到缩微胶片质量不断提升的目的。

1.2.2 保证缩微胶片/文献的长期保存

中华典籍浩如烟海，但真正能避书厄而留存至今的百不存一。近代以来，战乱与灾祸不断，书籍的印刷质量也参差不齐，致使大量书籍面临虫蛀、水渍、酸化、絮化、散逸、缺损等状况，对其进行原生性和再生性保护迫在眉睫。与信息存储的其他两大介质（纸本、光电磁介质）相比，缩微胶片具有节约保存空间、保护原件以及可作为法律凭证等优势。基于其长期保存特性，可实现文献的异质备份，并通过恒温恒湿库房的保存实现文献生命的延续。缩微胶片质量检测能够确保原始文献信息原貌呈现在胶片上，经过检测合格的缩微原底片作为战略资源存储在国家缩微母片库中，进行长期保存，而拍摄过的原件也入藏专业化书库不再提供纸本服务，避免进一步损伤，从而实现原始文献和缩微原底片的长期保存。

1.2.3　为读者提供优质的文献服务

缩微胶片在文献异质保存的基础上，承担着重要的文献服务功能。古籍善本、民国时期文献等存藏时间较久或存储质量较差的文献，除具有文物属性外，已不再适合直接提供给读者使用。对于纸张质量较差或物理状态极差的文献，经过缩微复制后以缩微胶片提供文献服务，可减少对原件的进一步损伤。缩微胶片可通过阅读还原仪、便携式阅读器等进行阅览，并通过模转数等技术快速实现模拟影像和数字影像之间的转换，将长期保存功能和读者服务效率有效结合。据统计，国家图书馆官网发布的古籍文献中 95% 以上的资源是通过缩微胶片转换加工而来的[①]，缩微胶片有效提高了珍本文献的阅读推广效率。缩微胶片质量检测是为读者提供优质文献服务的重要保证，缩微胶片质量检测能够确保原始文献信息完整地呈现在胶片上，诸如原件信息的完整性、影像的清晰度等，未通过质量检测的缩微胶片不符合长期保存的要求，也没有保存的价值，更不能为读者提供良好的阅览服务。

1.3　缩微胶片质量检测相关标准规范

缩微技术领域的国际标准主要由 ISO/TC 171[②]（国际标准化组织文件管理应用技术委员会）制定。国内对口的标准化技术委员会为 SAC/TC 86[③]（全国文献影像技术标准化技术委员会），SAC/TC 86 秘书处设在缩微中心。截至2024 年底，SAC/TC 86 已制定近 70 项国家标准化文件（绝大部分采用国际标准化文件），有力地促进了缩微事业的快速发展。

---

① 牛伟坤. 方寸永恒［N］. 北京日报,2025-03-06（17）.

② Standards by ISO/TC 171［EB/OL］.［2025-03-05］.https://www.iso.org/committee/53650/x/catalogue/.

③ SAC/TC 86制定的国家标准［EB/OL］.［2025-03-05］.https://std.samr.gov.cn/search/orgDetailView?data_id=F51821FA3C3B2865E05397BE0A0AEBC0.

1.3.1　国家和国际标准化文件

缩微胶片质量检测涉及多项指标的测量，需要质检人员掌握缩微工作全流程的技术要求，并依据质量要求做出正确的判断。GB/T 17292—2008[①] 规定了第一代缩微品的质量要求，是指导缩微胶片质量检测的最直接标准，从胶片影像的可读性、完整性、保存性和凭证性方面全面提出了缩微胶片应达到的质量要求。其他标准化文件则从图形符号、解像力、密度、拍摄程序、冲洗和保存等方面进行了规范，见表 1–1，质检人员可在检测过程中具体参考和应用。在参考标准化文件的过程中，应辨析标准化文件的应用范围，避免参考失误，如 GB/T 6160—2003[②] 主要是规范原底片的密度要求，而 GB/T 13984—2005[③] 则适用于第二代拷贝片。

在实际工作中也应关注 ISO/TC 42[④]（国际标准化组织摄影技术委员会）制定的相关标准化文件，该委员会的国内对口单位为 SAC/TC 102（全国感光材料标准化技术委员会）。由于该技术委员会制定的标准化文件绝大部分尚未转化为国家标准化文件，因此需要在跟踪标准化文件变化的基础上了解英文原版内容，这将有助于国内缩微工作质量的提高。

表 1–1　缩微胶片质检相关国家和国际标准化文件

序号	国内标准化文件编号	国际标准化文件编号	标准化文件名称
1	GB/T 17292—2008	—	缩微摄影技术　第一代银－明胶型缩微品的质量要求

---

① 全国文献影像技术标准化技术委员会七分会. 缩微摄影技术　第一代银－明胶型缩微品的质量要求:GB/T 17292—2008［S］.北京:中华人民共和国国家质量监督检验检疫总局,2008.

② 全国文献影像技术标准化技术委员会一分会. 缩微摄影技术　源文件第一代银－明胶型缩微品密度规范与测量方法:GB/T 6160—2003［S］.北京:中华人民共和国国家质量监督检验检疫总局,2003.

③ 全国文献影像技术标准化技术委员会一分会. 缩微摄影技术　银盐、重氮和微泡拷贝片　视觉密度　技术规范和测量:GB/T 13984—2005［S］.北京:中华人民共和国国家质量监督检验检疫总局,2005.

④ Standards by ISO/TC 42［EB/OL］.［2025–03–05］.https://www.iso.org/committee/48420/x/catalogue/.

续表

序号	国内标准化文件编号	国际标准化文件编号	标准化文件名称
2	GB/Z 19737—2005	ISO/TR 12031：2000	缩微摄影技术 银-明胶型缩微品变质迹象的检查
3	GB/T 6160—2003	ISO 6200：1999	缩微摄影技术 源文件第一代银-明胶型缩微品密度规范与测量方法
4	GB/T 6161—2008	ISO 3334：2006	缩微摄影技术 ISO 2号解像力测试图的描述及其应用
5	GB/T 7516—2008	ISO 9878：1990	缩微摄影技术 缩微拍摄用图形符号
6	GB/Z 20650—2006	ISO/TR 10200：1990	缩微摄影技术 缩微品的法律认可性
7	GB/T 7517—2004	—	缩微摄影技术 在16mm卷片上拍摄古籍的规定
8	GB/T 7518—2005	—	缩微摄影技术 在35mm卷片上拍摄古籍的规定
9	GB/T 16573—2008	ISO 6199：2005	缩微摄影技术 在16 mm和35 mm银-明胶型缩微胶片上拍摄文献的操作程序
10	GB/T 19730—2005	ISO 11906：1999	缩微摄影技术 期刊的缩微拍摄操作程序
11	GB/T 25072—2010	ISO 4087：2005	缩微摄影技术 在35mm缩微胶片上拍摄存档报纸
12	GB/T 12355—2008	—	缩微摄影技术 有影像缩微胶片的连接
13	GB/T 15737—2014	—	缩微摄影技术 银-明胶型缩微品的冲洗与保存
14	GB/T 10609.4—2009	—	技术制图对缩微复制原件的要求

续表

序号	国内标准化文件编号	国际标准化文件编号	标准化文件名称
15	GB/T 13984—2005	ISO 8126：2000	缩微摄影技术 银盐、重氮和微泡拷贝片 视觉密度 技术规范和测量
16	GB/T 17293—2008	ISO 10550：1994	缩微摄影技术 检查平台式缩微摄影机系统性能用的测试标板
17	GB/T 12356—2008	—	缩微摄影技术 16mm平台式缩微摄影机用测试标板的特征及其使用
18	GB/T 17739.2—2021	ISO 3272-2：1994	技术图样与技术文件的缩微摄影 第2部分：35mm银－明胶型缩微品的质量准则与检验
19	GB/T 17739.4—2008	ISO 3272-4：1994	技术图样与技术文件的缩微摄影 第4部分：特殊和超大尺寸图样的拍摄
20	GB/T 18730—2002	ISO 12650：1999	文献成像应用 在35mm胶片上缩微拍摄非彩色地图
21	GB/T 19474.1—2004	ISO 11928-1：2000	缩微摄影技术 图形COM记录仪的质量控制 第1部分：测试画面的特征
22	GB/T 19474.2—2004	ISO 11928-2：2000	缩微摄影技术 图形COM记录仪的质量控制 第2部分：质量要求和控制
23	GB/T 19523—2004	ISO 1116：1999	缩微摄影技术 16mm与35mm缩微胶片防光片盘与片盘 技术规范
24	GB/T 30536—2014	ISO 10196：2003	文献成像应用 对原始文件制作的建议
25	—	ISO 18901：2010	摄影 已加工银胶型黑白胶片 稳定性规范

续表

序号	国内标准化文件编号	国际标准化文件编号	标准化文件名称
26	—	ISO 18902：2013	摄影 已加工照相材料 贮存归档包装
27	GB/T 7430—2012	ISO 18906：2000	影像材料 摄影胶片 安全胶片规范
28	—	ISO 18908：2000	影像材料 照相胶片 耐折叠性的测定
29	GB/T 18444—2025	ISO 18911：2010	影像材料 已加工安全照相胶片 贮存规程
30	GB/T 32696—2016	ISO 18917：1999	摄影 已加工过的摄影材料上残留的硫代硫酸盐和其它相关的化学品的测定方法 碘直链淀粉、亚甲基蓝和硫化银法
31	GB/T 25073—2010	ISO 11142：2005	缩微摄影技术 彩色缩微胶片 曝光技术及与之相适应的线条原件和连续色调原件的制备
32	GB/T 6159.1—2014	ISO 6196-1：1993	缩微摄影技术 词汇 第1部分：一般术语
33	GB/T 6159.2—2011	ISO 6196-2：1993	缩微摄影技术 词汇 第2部分：影像的布局和记录方法
34	GB/T 6159.3—2014	ISO 6196-3：1997	缩微摄影技术 词汇 第3部分：胶片处理
35	GB/T 6159.4—2014	ISO 6196-4：1998	缩微摄影技术 词汇 第4部分：材料和包装物
36	GB/T 6159.5—2011	ISO 6196-5：1987	缩微摄影技术 词汇 第5部分：影像的质量、可读性和检查
37	GB/T 6159.6—2003	ISO 6196-6：1992	缩微摄影技术 词汇 第6部分：设备
38	GB/T 6159.7—2011	ISO 6196-7：1992	缩微摄影技术 词汇 第7部分：计算机缩微摄影技术

序号	国内标准化文件编号	国际标准化文件编号	标准化文件名称
39	GB/T 6159.8—2003	ISO 6196-8：1998	缩微摄影技术　词汇　第8部分：应用
40	GB/T 6159.10—2006	ISO 6196-10：1999	缩微摄影技术　词汇　第10部分：索引
41	GB/T 8987—2008	—	缩微摄影技术　缩微摄影时检查负像光学密度用测试标板
42	GB/Z 20227—2006	ISO/TR 12036：2000	缩微摄影技术　缩微记录的清除、删除、校正或修正
43	GB/T 11500—2008	ISO 5-2：2001	摄影　密度测量　第2部分：透视密度的几何条件

1.3.2　缩微中心缩微业务工作规范

基于对国内实际缩微工作业务的开展，缩微中心系统制定了相应的缩微工作规范，见表1-2。这些业务规范是对国家和国际标准化文件的详细阐释，能够直接用于指导缩微工作。与缩微胶片质量检测直接相关的是 SW/YW 017 和 SW/YW 018，其主要内容是缩微原底片质量检测细则和质量等级指标，其他规范如各类文献的著录条例、拍摄规范、废片销毁规范等均需质检人员全面掌握，以便更好地指导工作。

表1-2　与缩微胶片质检相关的缩微中心缩微业务工作规范

序号	业务规范编号	业务规范名称
1	SW/YW 004	古籍缩微品著录条例
2	SW/YW 005	在35毫米胶片上缩微摄制线装古籍的规定
3	SW/YW 006	关于《在35毫米胶片上缩微摄制线装古籍的规定》使用说明
4	SW/YW 009	中文报纸缩微品著录条例
5	SW/YW 010	35毫米银盐无孔片报纸缩微拍摄标准
6	SW/YW 011	《35毫米银盐无孔片报纸缩微拍摄标准》实施细则

续表

序号	业务规范编号	业务规范名称
7	SW/YW 013	中文期刊缩微品著录条例
8	SW/YW 014	中文期刊缩微品著录及整理工作若干具体问题的说明
9	SW/YW 015	16 毫米期刊缩微品原底片的规则及制作规则
10	SW/YW 017	缩微原底片质量检查细则
11	SW/YW 018	确定文献缩微品原底片质量等级的指标
12	SW/YW 020	新中国成立后报纸缩微摄制规范
13	SW/YW 021	普通图书缩微品著录条例
14	SW/YW 022	中文普通图书缩微摄制规范
15	SW/YW 023	新中国成立初期报纸缩微摄制规范（试行）
16	SW/YW 026	全国图书馆文献缩微复制中心数转模工作加工标准
17	SW/YW 027	全国图书馆文献缩微复制中心数转模工作说明及操作规范
18	SW/YW 036	缩微品质量检验岗的操作规范与流程
19	SW/YW 037	全国图书馆文献缩微复制中心胶片销毁工作规范
20	SW/YW 038	新中国成立初期中文图书缩微摄制规范

2 缩微胶片质量检测基础

缩微胶片质量的优劣直接关系到优秀文化遗产及缩微胶片物理载体能否长期保存，而缩微胶片质量检测则是对胶片载体和内容进行把控的最后一道关。检测合格的胶片会被保存至国家缩微母片库进行永久保存，一旦出现质量问题就会面临彻底损失缩微胶片所载文献内容的风险，因此必须要对影响胶片质量的各类问题进行严格把控。在缩微胶片的制作过程中，导致胶片质量降低的因素包括原件质量的不足、摄影曝光的误差、感光材料性能的下降、冲洗条件的不稳定、工序之间的配合失调，以及人为操作的失误等。为了制作出高质量的缩微胶片，必须建立严格的缩微胶片生产管理制度和质量控制标准，加强缩微胶片质量检测的力度和范围，保证入库胶片的整体质量。

缩微胶片的质量检测应严格按照国家和国际缩微摄影技术标准及相关质量检测规定（具体标准和规范参考本书 1.3 节）进行，以确保缩微胶片达到规定的质量要求。缩微胶片质量检测是一项系统工作，质检人员不仅需要利用相关设备对缩微胶片的质量进行检测，还需要根据检测结果进行质量问题分析，对缩微品的生产环节提出意见和建议，以不断提高缩微胶片生产的质量。

另外，质检人员还应熟悉影响胶片质量的各类因素，并了解质检设备的操作和保养方法，以及熟练掌握缩微胶片质量检测的方法和操作程序要求，同时还要具有一定的沟通协调能力，以便在上下游的工作衔接中有效沟通，促进各工序之间的技术交流和协作。

2.1 缩微胶片质量的影响因素

2.1.1 缩微工作人员

缩微胶片的制作是一个组织内系统性的生产活动，需要各类技术人员通力合作。缩微工作人员分为两类：一类是直接从事胶片生产的拍摄人员、冲洗人员、质检人员，这些人员是直接接触缩微胶片的，是胶片质量问题的第一责任人；另一类是间接接触胶片的人员，包括前整理人员、设备和耗材采购及保管人员，这些人员的专业技术素质和职业素养也关系到成品胶片的质量。

关于缩微技术人员应具备的素质，缩微行业从业者已有较多论述和分析，如齐淑珍[①]对缩微胶片制作相关的 6 类人员（前整理人员、拍摄人员、冲洗人员、质检人员、拷贝人员、设备维修人员）应具备的良好素质进行了深入分析。

本节主要结合本书的内容对缩微胶片质检人员应具备的素养进行具体分析。缩微质检人员需要通过对缩微胶片的质检，反映出缩微胶片制作前几道工序中出现的各种质量问题，并进行质检结果反馈，因此对质检人员的技术要求比其他缩微技术人员要高。缩微胶片质检人员应对胶片生产的各个环节有充足的认识和研究，特别是对文献的著录规则、文献的编排、拍摄的工序和技巧、冲洗的速度和温度控制等，需要了解原件的状况并掌握制作过程中的技术要求及质量控制标准。因此，质量检验人员需要具备以下几点要求：

（1）具备较强的责任心，对缩微工作、胶片质检有充分的认识和热情；能够独立思考，具备大学以上教育经历；具备一定的沟通协调能力和抗压能力，能够对上下游环节出现的质量问题进行客观、及时地建议和处理。

（2）熟练掌握缩微胶片质量技术标准、规范和要求，能够对标准规范举一反三，深刻理解标准规范的编写内涵和作用。

（3）熟悉缩微胶片制作的全部工艺流程及技术要求，了解并掌握拍摄、冲洗设备及质量检测设备的结构性能和操作技术。

（4）熟悉各类拍摄原件的特征、质量状况及页码排列规律，了解缩微拍摄

---

① 齐淑珍.缩微工作人员应具备的素质［J］.数字与缩微影像,2013（2）:25–27.

曝光条件、冲洗的温度速度和药液浓度，掌握特殊类型和尺寸文献的处理策略和方法。

（5）对缩微胶片出现的质量缺陷及其产生原因，具有一定的分析与判断能力。

上述 5 点是缩微胶片质量检验人员应具备的各方面条件。缩微胶片的质量与质检人员的业务水平和责任心息息相关，只有具备较高且全面的业务素养，才能对缩微胶片的质量优劣作出客观公正的分析和判断。

2.1.2　缩微设备

缩微胶片的制作需要专业的缩微设备，包括拍照机、冲洗机、质检设备等。首先，制作设备的性能是决定缩微品质量的一大先决条件，如拍照机的拍摄解像力性能、对不同尺寸及装帧形式原件的适应能力等，因此，在缩微工作开始前，应选购规格和性能满足实际工作要求的缩微设备。近些年，缩微设备呈现出国产化和快速更新替代的趋势，需要更加细致地调研缩微设备的性能和稳定性，避免器械设备的功能不全和性能衰减。其次，在缩微胶片制作过程中，应随时检测和调试设备，防止机械故障，如检测各类滚轴是否光滑洁净、光源是否均匀稳定、过片速度是否一致等，以保证缩微胶片制作过程的可靠性。

缩微胶片质检工作，不仅依赖于质检人员的丰富经验，还需要配备精密的检测设备。借助于显微镜、密度计等专业质检设备能够准确测量缩微胶片的密度值和解像力值，以此评估胶片影像的细节表现力和拍摄时的曝光量。因此，只有精良的缩微设备与专业的缩微技术人员相结合，才能保证缩微胶片质量的稳定和提升。

2.1.3　缩微耗材

缩微胶片的质量不仅依赖于经验丰富的技术人员和精良的设备，还需要高质量的耗材为依托。制作缩微胶片需要的耗材包括缩微生胶片、冲洗用化学药品（显影液、定影液和清洗剂等）、冲洗用水源、胶片包装材料（胶片盒、胶片轴、护片条、标签）、设备清洁用品、各类图形符号和比对卡等。在采购、存储和使用生胶片、冲洗药品时，应注意耗材的保质期，以及在正式拍摄前应进行试片工作，以保证耗材各项性能的稳定性。胶片包装材料应能够提供稳定的微环境，确保不具有损伤胶片的物质。清洁用品可以保持设备和胶片的干净整洁，避免灰尘和静电对胶片质量造成的影响。各类预制的图形符号应按照标准要求制作，在使用中注意磨损程度并及时更换。

高质量耗材对确保缩微胶片制作和质量检验至关重要。选择合适的耗材并按照标准使用，不仅能提升缩微胶片的质量，还能延长其使用寿命。

2.1.4 摄制原件

缩微拍摄会将原件的原貌等比例缩小在胶片上，原件质量的好坏也会影响胶片影像的质量优劣。首先，原件的印刷用纸，印刷或书写情况，纸张的酸化、破损、污迹、修补情况、色彩丰富度，甚至装帧形式等都会对最终的影像质量造成一定的影响。例如，宣纸、草纸、铜版纸对光的吸收率和反射率各不相同，同样的曝光量下其密度值差异较大，而胶装和蝴蝶装的文献在拍摄时中缝的扇形状态也相差较大。其次，对原件的整理和编排也会影响影像质量，如页码的混乱、缺失、开天窗、褶皱、灰尘等，这些需要在缩微胶片拍摄前进行系统的整理、清洁，以保证原件的完整和清洁，并按照规定编排片卷，避免编排不当造成补拍。在整理原件时应放置相应的标记提示符 / 物，用于提示拍摄人员按照整理规则和内容进行拍摄，避免拍摄过程混乱。

在整理和拍摄原件时，应秉持最大限度抢救内容和最小限度损坏文献的理念，即整理原件时，应将褶皱、破损处进行物理整平和垫补，而不做进一步损伤文献的处理。但也需要最大限度抢救文献内容，如中缝处的文字需要尽量摊开文献，色差较大的页面可采用综合曝光或变光处理，超大超宽页面可分幅拍摄。针对原件状况的深入分析及采取的有效措施，可进一步降低出现不合格胶片的概率，提高整体胶片的质量，避免出现一些极端情况。

2.1.5 缩微工作空间

胶片在保存、转运和操作的过程中应保证各类空间的清洁卫生和安全。缩微生胶片在库房存放或被领用暂存在拍摄间时，应保证胶片避光，避免潮湿和有害气体的侵袭，应建立有效的安全存储制度使胶片免受损害。在缩微胶片的制作过程中，质检环节是将胶片暴露在空气中的最长工序，从密度检测、外观检测及在阅读器上的内容检测均需绕动胶片逐拍检测，即使熟练的质检人员也需要 40—60 分钟，长时间地接触空气会导致空气中的尘埃、碎屑、绒毛等落在胶片上，增加胶片划伤和受潮的可能性。以缩微胶片检测工作间为例，其应具备以下条件：

（1）独立工作空间：工作间无论大小，都应设在独立的工作区域，以避免外界干扰。

（2）环境控制：避免强灯光和日光直射胶片，取暖设备应远离胶片柜和检片工作台（以下简称"检片台"）。室内不应安装水源，须保持空气新鲜，无有害气体。

（3）温湿度控制：在潮湿多雨的地区，工作间应安装空调设备，以保持室内温湿度的恒定，防止胶片受潮损坏。

（4）环境整洁：保持检片台及周围环境的整洁，工具摆放有序。检片台上不应放置水杯、墨水瓶及油脂类等可能污染胶片的物品。生活用品不应带入工作间，且禁止在检验工作间内进餐或吸烟。

2.2　缩微胶片质量检测设备

在缩微胶片质量检测过程中，质检人员需要依据胶片质量要求和标准规范，使用专业的质检设备进行定量检测项目的检测，并结合检测人员的质检经验进行最终质量优劣的分析和判断。定量检测项目包括解像力、密度等，需要利用显微镜、密度计等专业设备。另外，还需要配备专业的检片台，用于摆放各类检测设备和提供绕片器械。在缩微原底片的质量检测中，还需要使用阅读器对胶片进行逐拍的内容检测，以及在因胶片不合格需进行补片时，使用接片机进行胶片的连接。因此，在正式开展胶片质量检测前，必须配置并校准试好各类检测设备和工具。以下为几种常见的胶片检测设备和工具。

2.2.1　显微镜

缩微胶片的解像力是表征缩微胶片质量的最重要指标，代表缩微摄影系统及胶片的缩小性能，在测量中一般称为综合解像力。通过缩微摄影机将测试图拍摄在缩微胶片上，并对其影像进行放大观测后得出综合解像力值。

解像力的检测需要使用一台具有高质量消色差物镜的显微镜（以下简称

"消色差显微镜"），其放大倍率在 50 倍—150 倍即可[①]。消色差显微镜能够有效减少色差带来的影响，提高测试图线条的清晰度和准确性。一般不使用电子成像类的显微镜，因为测试图线条经电子转换到屏幕后会损失线条局部细节，并有可能产生摩尔效应，导致无法判断解像力，故使用具有基本功能的光学显微镜即可（如图 2-1）。使用显微镜时，应将胶片片基面接触载玻台，在将测试图中心放置在光孔中心固定后应避免胶片在载玻台拖动，移动胶片时应将胶片抬起一定距离并小心移动，避免片基的划伤。

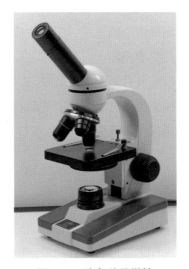

图 2-1　消色差显微镜

2.2.2　密度计

GB/T 6160—2003 规定的缩微品的密度值均为标准漫透射视觉密度，密度计应符合 GB/T 11500—2008[②] 和 GB/T 11501—2008[③] 的要求。目前，缩微

---

① 全国文献影像技术标准化技术委员会一分会.缩微摄影技术　ISO 2号解像力测试图的描述及其应用:GB/T 6161—2008［S］.北京:中华人民共和国国家质量监督检验检疫总局,2008.

② 中国计量科学研究院.摄影　密度测量　第2部分:透射密度的几何条件:GB/T 11500—2008［S］.北京:中华人民共和国国家质量监督检验检疫总局,2008.

③ 中国计量科学研究院,广东省计量科学研究院,大连希奥特检测设备有限公司.摄影　密度测量　第3部分:光谱条件:GB/T 11501—2008［S］.北京:中华人民共和国国家质量监督检验检疫总局,2008.

中心使用的胶片检测密度计通常是光电式数字显示密度计（如图 2-2）。此种密度计能够以数字形式显示胶片的密度值。光电式数字显示密度计的基本原理是利用具有特定波长和强度的光经过光学汇聚后，通过密度计检测光孔照射在胶片上，透射光线穿过胶片后，被装有光电管的探测器接收，产生相应的光电流。光电流的大小与透射光的强弱成正比，经过芯片计算处理后以数字形式显示出来。

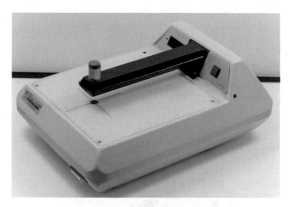

图 2-2 光电式数字显示密度计

实际密度测量中，选择直径在 0.5mm—1mm 之间的光孔可避免检测光孔压到文字，造成密度值的偏差。使用密度计时，应先接通电源，打开开关，预热 10 分钟后再进行测量。测量时，首先将密度计探测头按下，并按下归零按钮使显示数字归零，然后将缩微胶片乳剂面朝上，将选准的测量点放在测光孔上，固定好胶片后按下探测头压住胶片，待显示的密度值稳定后放开探测头。按下探测头前，应使用双手将胶片固定，固定后可用两个大拇指按住胶片，并以食指按压探测头，防止胶片晃动测量不准确。测量中要避免胶片晃动和摩擦，更换测量点时应拿起胶片再如前测量。

为了确保胶片密度测量的准确性，应定期使用标准密度片对密度计进行校准，在使用的过程中也需要及时查看是否归零并校准。

2.2.3 阅读器

在检测过程中还应使用缩微胶片阅读器（如图 2-3）将缩微影像放大以便进行逐拍的内容文字检查，核对著录信息及确认影像页面中无法直接观测到的质量问题。阅读器一般使用物理光学折射类机器即可，目前市场上出现的各类数字胶片阅读器不适合缩微原底片的质量检测，数字阅读器在把影像模拟信号转为数字信号的过程中会损失一定的真实影像信息。阅读器的屏幕尺寸应适当大，不仅可以显示整个胶片影像，还可以将影像四角滑动到屏幕中心以便重点检测。

使用阅读器时应注意胶片的安装方法，并注意将胶片完全放置在滚轴卡槽内，以及定期清洁载／压玻片、滚轴、反射玻璃板、镜头上的脏污，保证影像呈现的效果。在更换镜头和垫片时应小心谨慎，并保存好替换下的零件。

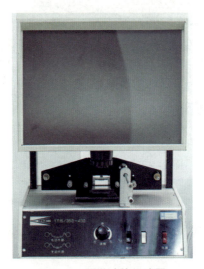

图 2-3　缩微胶片阅读器

2.2.4　接片机

在胶片发生质量问题需补回胶片时，应将补回片段接回原胶片，对于片头尾白片预留不够的胶片也应接相应长度的白片。目前，常用的涤纶片基缩微胶片通常使用超声波接片机（如图 2-4）进行接片，超声波接片机利用超声波产生的热量和一定的机械压力将胶片的接头熔合在一起，接片效果比较牢靠。

图 2-4 超声波接片机

接片时应将胶片片基面朝下并贴合在卡槽一侧，盖上压板后，切除废片并翻转夹板，两侧胶片处理完成后按下接片按钮，等待接片机接片即可。接片完成后，小心取下胶片并检验接片是否牢靠。

接片机应定期检查，包括超声波发生器功能是否正常和探头压力大小是否适中。在使用过程中，需注意接片机的清洁和卫生，定期清扫切下的片屑，防止卡顿和脏污。

2.2.5　检片台

缩微胶片的检测应在专为检验缩微胶片而设计的"检片工作台"（如图2-5）上进行。检片台上有手动倒片机、灯箱等，还可以放置密度计、显微镜、接片机、检片灯等。在检片台上长边一侧中央开一个 10cm×30cm 的检片窗口，在窗口内安装光源，以提供来自下方的透射光，窗口装乳白色有机玻璃，并可衬柔光纸以调节透光度和均匀性。在检片窗口两侧各安装一台高20cm、转速比为 1∶4 的手动倒片机。两个倒片机之间的距离在 80cm 左右，一是符合人体双臂工作时的活动空间，二是用作简单的距离尺寸判断，方便在质检时预留足够的片头尾空白片。

图 2-5　缩微胶片检片工作台

2.2.6　其他

在缩微胶片质量检测中，还需要一些辅助工具提高检测的精度和准度：

（1）放大镜（如图 2-6）。10 倍放大镜用于检验 35mm 缩微胶片的页码和影像清晰度等。20 倍放大镜用于检验 16mm 缩微胶片的页码、划伤和影像质量等。应选用镜片直径较大、放大影像失真较小的放大镜。放大镜可具备夹片和调焦功能，以固定胶片和适应不同用户的视力。

图 2-6　固定式放大镜和手持夹板放大镜

（2）检片灯（图 2-7）。可选日常用冷光色阅读灯放置于检片台上，作为检测胶片外观时的光源补充，以便翻转胶片时形成折射光线，便于检查水渍、药渍、划伤等。

图 2-7　检片灯

（3）直尺（图 2-8）。选用长度 200mm 的塑料尺，用于检验画幅尺寸、片间距和缩率等。使用塑料尺时应尽可能减少其对胶片的刮蹭和划伤。

图 2-8　直尺

（4）游标卡尺（图 2-9）。用于精确测量胶片和影像的尺寸、接片纵向位移量、片盘外缘到胶片的距离等。

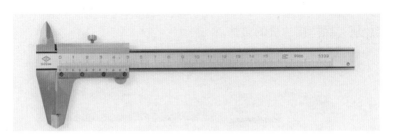

图 2-9　游标卡尺

（5）剪刀（图 2-10）。长度 200mm 的剪刀可用于日常胶片的截取和处理，长度 150mm 的医用直头剪刀可用于修剪接片的位移或接缝两端熔出的胶片。

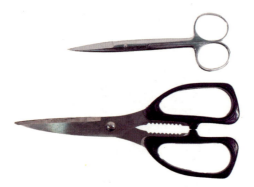

图 2-10　医用剪刀（上）和大号剪刀（下）

（6）手套（图 2-11）。选用白色、干净、不易起毛的涤纶材质白色薄手套，日常接触胶片时必须戴手套，且只能接触胶片边缘，避免直接接触胶片影像内容，防止指纹、油脂和其他污染物污染胶片。质检用手套勿作他用，并定期更换[①]。

图 2-11　白色涤纶手套

（7）刷子（图 2-12）。选用毛束厚度 3mm 左右的毛刷，用于清扫接片机裁下的胶片屑，保持接片机的整洁。

图 2-12　刷子

---

①　全国文献影像技术标准化技术委员会第二分会.缩微摄影技术　银-明胶型缩微品变质迹象的检查:GB/Z 19737—2005［S］.北京:中华人民共和国国家质量监督检验检疫总局,2005.

（8）量角器（图 2-13）。选用日常用塑料量角器，量取影像的扇形角度、接片的倾斜度等。

图 2-13　量角器

（9）吹气皮囊（图 2-14）。用于吹除胶片和载/压玻片上的灰尘和细小杂质，保持胶片表面、载/压玻片的洁净。

图 2-14　吹气皮囊

（10）色卡（图 2-15）。借助色卡目视对比彩色胶片的色彩还原度及色彩间的分辨度。

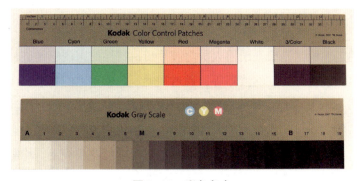

图 2-15　彩色色卡

（11）黑丝绒（图2-16）。在倒片机前方或胶片下方放置一块黑丝绒，有助于检查划伤、水迹，以及避免胶片掉落检片台造成磨损。

图 2-16　黑丝绒

2.3　缩微胶片质量检测方法

2.3.1　定量检测

胶片的定量检测是使用专业的胶片检测设备进行胶片属性的测量，并读取测量数值，将测量数值与规定数值对比，从而得出胶片的优劣等级。定量检测主要包括：使用显微镜测量胶片的解像力值，确定影像的清晰度；使用密度计测量胶片密度值，评估曝光和显影的程度及背景密度的均匀性；使用直尺测量画幅尺寸、片间距、接头偏移量等，以检测画幅的规范程度；使用量角器量取画幅扇形的角度，确定影像的歪斜程度；以及统计每盘胶片或每种胶片的接头和差错数量等，以评估胶片的优劣。

2.3.2　定性检测

胶片的定性检测是根据质检人员对胶片质量特性的主观感受进行判定，主要是使用放大镜、灯光、阅读器等，通过视觉观察胶片上的划痕、污迹、影像虚实、色彩、密度均匀性等，进行质量评估判断。在对胶片进行定性评估时，必须遵循"传之后世、保存原貌"的原则，对于影响胶片载体和内容长期保存的各类质量问题，无论是否在相关标准规范内明确提及或规定，均需要采取一定的措施，保证胶片载体和文献内容达到长期保存的要求。

2.3.3　定量与定性检测相结合

缩微胶片的质量检测，必须以定量和定性相结合的方式进行，以全面评估缩微胶片的质量。定量数据提供了客观的质量数值，而定性判断则结合原件和影像的实际情况补充了对这些数值的解读和判断。以胶片密度为例，标准规范中规定了相关的密度范围，但还需要根据原件、影像表现等实际情况综合判断。考虑其视觉密度和拷贝过程中的信息损失，部分影像的密度虽在标准范围内，但略高或略低时也需要采取补拍处理，也就是说，执行的尺度有时甚至略高于相应的标准。采用定量和定性相结合的方法，能够更准确和全面地检测和控制缩微胶片质量，提高胶片的使用寿命和可靠性。

2.4　缩微胶片质量检测注意事项

缩微胶片质量检测应严格按照专业的操作程序进行作业，一是可以避免胶片受到二次损伤，二是能够避免检测项目的缺失。质检人员在检测过程中应熟练掌握各类质检设备的操作方法、胶片检测程序以及设备的基本维修和保养等，以高度的责任心和负责任的态度对缩微胶片的质量问题及缩微胶片制作的各个工序进行检测、监督和反馈。

在检测过程中，应尽可能减少绕片次数，以减少对胶片的磨损和不必要接触。在使用测量工具时，应注意保持工具的清洁及其与胶片接触面的干净，了解测量工具的基本原理和保养方法，并依据标准化的操作程序进行质量检测操作。胶片检测结束后，应详细记录检测结果，并及时反馈给相关部门和人员。检测完成的胶片应妥善保存和管理，防止丢失或与不相干胶片和废片混淆，废片则应按照有关规定处理[①]。在胶片检测过程中，质检人员应注意以下几点：

2.4.1　在检片过程中减少与其他物品的接触

在缩微胶片检测的过程中，缩微胶片会接触质检人员身体、质检设备，以及其他无关物品，为防止胶片损伤并确保检验结果的准确性，需尽量减少胶片

---

①　可参照《全国图书馆文献缩微复制中心胶片销毁工作规范》（SW/YW 037）对废片销毁处理。

与其他物品的接触。在检测过程中，胶片的乳剂面应朝上放置，不应过分贴近甚至掉落在检片灯箱玻璃上，一般保持 10mm—30mm 的高度，可以有效避免划伤胶片和减少因接触导致的验片误差。此外，灯箱的光源应均匀柔和，保证提供稳定的照明条件，提高检测判断的准确性。

质检人员在检验过程中必须佩戴干净的白色细纱手套，以涤纶材质手套为宜，防止手部的油脂、灰尘或其他污染物粘到胶片表面，避免胶片的损伤。胶片放置在显微镜、密度计上时，应将片基面贴在载玻台上，并禁止任何在载玻台上的滑动操作，避免胶片片基面的划伤。

2.4.2　保持检片设备的干净整洁

缩微胶片的质量检测需要用到本书 2.2 节中涉及的各种质检设备，在使用过程中应保持检测设备的清洁，定期使用无尘布和适当的清洁剂擦拭设备，特别是可能积累灰尘和污迹的部位，如镜头、滚轴、载 / 压玻片、显微镜和密度计探头与胶片的接触面、阅读器的反光镜等。通过检测设备的清洁和保养提高缩微胶片检测的精度和可靠性，在延长设备使用寿命的基础上，提升整体质量控制水平。

2.4.3　保持绕片速度均匀和走片稳定

缩微胶片的质量检测需要在检片台和阅读器上进行若干次绕片，在绕片的过程中应保持速度均匀和走片稳定。连续绕片时，建议速度控制在约每分钟 30 米。过快的速度可能会导致胶片受力不均，从而造成划伤或其他损伤；过缓的速度可能会造成片卷缠绕不紧，进而会在后续的使用过程中因邻层胶片之间的摩擦损伤胶片。连续缠绕或边缠绕边检片时，可以用一只手的拇指和食指轻轻夹住胶片边缘，托起胶片以起到定位作用，防止胶片掉落检片台，保证走片过程中胶片走直走正。

胶片缠绕在片轴上时，应确保胶片均匀缠绕且片卷端面平整，使胶片受力均匀，避免缠绕过紧或过松。胶片在阅读器上走片时，应逐拍过片，防止快速走片而导致压玻片划伤胶片。

2.4.4 严格记录检测数据

在缩微胶片质量检测过程中，应严格记录检测数据，包括各项检验结果、质量缺陷，以及开具补单时的各项补拍信息，如解像力值、密度值、质量缺陷描述、质检日期、质检人员、胶片等级、补拍内容等。在检测工作完成后，应将摄制清单中记录的检验数据如实登记入产量表，以便定期收集产量数据，并进行统计分析，跟踪质量缺陷变动情况，为缩微胶片质量的提升提供科学的指导和建议，促进缩微胶片质量的螺旋式提高。

2.4.5 胶片乳剂面的判定

在进行缩微胶片的质量检测和处理时，应正确识别胶片的乳剂面和片基面。一是为保证在检测的过程中避免对乳剂面的损伤，以及可以正常在阅读器上装片进行内容检测；二是在检测完胶片时将缩微原底片的乳剂面压在片轴内侧，并裹上护片条保护乳剂面。缩微原底片常用的乳剂面判断方法有反光法、弯曲度法、哈气法、直读文字法等。其他类型的胶片根据其特性也有类似的判别方法，质检人员可根据需要选择若干种方法进行综合判断。

2.4.5.1 反光法

胶片片基面相比乳剂面光滑，而光滑的表面反射光线时会使光线产生偏振现象，表现为一片亮斑[①]。而乳剂面因为有银颗粒的沉积，表面略显粗糙，会使光线扩散到各个方向，偏振效果不明显，与片基面表现差异较大。可在检片台上铺一块黑丝绒布，通过调节上方检片灯的角度使照射到胶片上的光线形成反射效果，衬在胶片下方的黑丝绒可以防止光线透过胶片后再反射到胶片上，然后手持胶片边缘并调整倾斜角度，使胶片产生偏振效果。

2.4.5.2 弯曲度法

缩微生胶片或缩微原底片在原始状态或刚冲洗出来时，具有一定的弯曲度，表现为胶片向乳剂面方向弯曲，可手持片轴将片头扯出一段，在自然下垂状态下，弯曲方向即为乳剂面。对于库存胶片、冲洗后经过若干次倒片而两面混淆的胶片，需要慎用此法。因为胶片的弯曲方向受乳剂面含水量的影

---

① 寇印才,李铭.缩微胶片划伤辨析[J].数字与缩微影像,2009(1):39-41.

响较大，乳剂面含水量大则向片基面弯曲，含水量小则向乳剂面弯曲（见图2-17）。

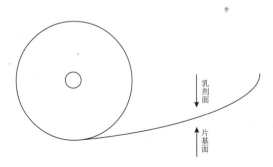

图 2-17　弯曲度法判定缩微原底片胶片乳剂面示意图

2.4.5.3　哈气法

从口腔呼出的是潮湿的空气。由于胶片片基面比较光滑，而乳剂面略微粗糙，在受到潮湿空气突然侵袭时片基面易呈现雾状，因此可以在片头尾空白片处使用此种方法判别乳剂面，对于胶片缠绕情况混乱而无法通过弯曲度方法识别乳剂面时，也可以使用本方法。

2.4.5.4　直读文字法

缩微原底片经过显影定影后，会在胶片上形成原件的缩小影像，可将胶片的影像放置为文字可正常阅读状态，则可以直读文字的一面为片基面，另一面为乳剂面（见图2-18）。其他代次的缩微胶片慎用此法，应仔细辨别几种代次胶片的区别和特征。

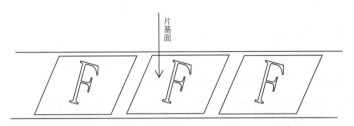

图 2-18　直读文字法判定缩微原底片胶片乳剂面示意图

3 缩微胶片质量检测框架

缩微胶片的质量检测是一项系统工作，需要对缩微胶片制作的各项工序中可能出现的问题进行严格的检查，包括文献的前整理、缩微拍摄、胶片冲洗，因此质检岗位的专业技能和职业素养要求比其他岗位更加高，质检人员对缩微胶片质量的认识也需更加深刻，只有这样才能在质检岗位把好质量关，使文献原原本本地传承保存下去，使其跨越时空障碍，完美无缺地呈现给后人。为高效地进行质量检测以及不断提升检测水平，质检人员在检测过程中应牢记并严格遵守胶片质量检测的基本原则，并按照规范的检测流程逐项进行，避免检测流程失序、检测项目遗漏以及不合格胶片通过检测。

3.1 缩微胶片质量检测原则

胶片的质量检测应遵循一个最原始、最朴素的原则：文献必须能够原貌保存至未来。质检人员可按照这一原则，结合相关标准规范和检测程序进行胶片检测，部分标准和规范里未明确提及的质量要求应结合该原则进行质量优劣的判断，避免标准无禁止即通过的检测观，保证缩微胶片高质量入库保存。具体来说，检测胶片时应从影像质量、长期保存的性能和影像传递与还原性角度考虑缩微胶片质量，并将该三项指标是否达标贯穿整个检测过程。

3.1.1 严控胶片影像质量

缩微胶片的影像质量是检测过程中第一位要考虑的因素，也是最重要的因素，是缩微胶片质量检测的核心，是衡量缩微胶片质量的关键所在。缩微胶片存在的最大意义就是保证文献内容的长期保存，只有质量过关的缩微影像才具有长期保存的意义。胶片的影像质量包括解像力、清晰度、密度范围、完整度、外观、数据摘录等，这些项目在检测过程中必须严格控制，如解像力不合格、虚拍、密度超出范围、漏拍、划伤、题名责任者摘录错误等均是致命缺陷，发生任何一项都会影响胶片的质量，并影响长期保存的效果。因此，特别是缩微原底片，必须严把影像质量关，为后续的拷贝还原奠定基础，使之符合长期保存的各项要求，使文献全貌完整保存到未来以得到更多的开发和应用。

3.1.2 保证胶片和文献的长期保存

缩微胶片的重要功能之一，是作为长期保存文献的一种介质[①]。ISO 18901：2010[②] 对作为文献长期存储的胶片进行了严格的规定：首先，必须是安全片基，即满足 ISO 18906：2000[③]（GB/T 7430—2012[④]）的要求；其次，在规定的温湿度条件下，醋酸片基的预期寿命为 100 年，聚酯胶片应达到 500 年。可供长期保存的介质使文献的生命力得到延续，而缩微胶片的实际耐用年限不仅受外部环境与保存条件的影响，更与生产工艺和影像的质量水平息息相关。在质量检测的过程中应时刻秉持影像质量必须能保存至几百年之后的思想，如漏拍、虚拍等影响文献完整性的质量因素必须及时补拍；而乳剂面的划伤虽暂时不会有太大影响，但对于原底片作为长期保存的胶片，在存储的过程中势必会进一步侵蚀周边影像颗粒，因此对划伤的质量问题也必须严格要求和处理；数据摘录必须准确无误，一是要保证数据摘录正确，二是使该盘胶片得到优质的数据标注，从而在未来可以得到良好的使用引导和利用。胶片的外观和内容等检测流程，均是围绕提升胶片长期保存能力而设立的，旨在全面提升胶片的各项质量，确保其在保存的过程中维持品质与性能的稳定。

此外，使用缩微技术抢救的文献一般不再提供纸本服务，随着时间的推

---

① 李铭,李奎斌.缩微胶片稳定性与存储技术相关国际标准介绍［J］.数字与缩微影像,2015（4）:18—22.

② ISO/TC 42. Imaging materials—Processed silvergelatin-type black-and-white films—Specifications for stability:ISO 18901:2010［S］. Geneva Switzerland:ISO,2010.

③ ISO/TC 42. Imaging materials-Photographic films-Specifications for safety film:ISO 18906:2000［S］. Geneva Switzerland:ISO,2000.

④ 中国乐凯胶片集团公司.影像材料　摄影胶片　安全胶片规范:GB/T 7430—2012［S］.北京:中华人民共和国国家质量监督检验检疫总局,2012.

移，纸本文献可能会继续变质损坏，甚至无法再次启用，这时就需要使用缩微文献进行文献的再版、扫描及服务，以使文献能够传至后世。因此，在进行原底片的质量检测时更应该严把质量关，尽量保存原件的原貌，缺失、破损、褶皱等均须提前处理好，防止错拍、漏拍等情况的发生，确保原底片的高质量。

3.1.3　影像的传递和还原

缩微胶片是一种具有长期保存性质的理想文献载体，因此，缩微原底片必须达到极高质量，为后续各代影像的精准传递与还原奠定坚实的基础，确保文献信息的真实性与完整性，并有效传递到未来。在胶片检测过程中，必须考虑影像在各代胶片之间的传递质量和还原效果，避免文献信息的丢失和缺损。

影像传递是指为了延长缩微胶片影像信息的保存期，将上一代胶片的影像信息通过拷贝操作转移传递到下一代胶片上，继续发挥胶片保存文献或提供服务的作用。就拷贝技术而言，每传递一代，影像质量就会有一定损失，因此缩微胶片制作中各项操作得当与否成为是否能保证高质量胶片的关键。在胶片制作和检测的过程中要特别注意胶片的解像力、影像质量、缩率等，保证原底片具有较高的综合解像力以减缓在拷贝过程中的解像力下降，并尽量使用低缩率拍摄，使影像大些、清晰些，严格控制原底片的各项质量指标，为胶片换代传递奠定良好的基础。

影像还原是指将缩微胶片上记载的文献图像放大还原成正常尺寸，用于影印出版或服务等。考虑到图像放大后的清晰度和完整性，在质量检测中要注重把控缩微胶片的解像力、密度、完整度等，保证能够还原出原件原貌，一旦发现影像还原效果的质量问题必须妥善处理。

3.2　缩微胶片质量检测项目选择

缩微胶片质量检测是对制作胶片的所有工序中可能产生的质量问题进行检查，涉及的检测环节和项目较为复杂，因此必须针对每个制作环节出现的质量问题进行总结归纳。胶片质量问题应区分主要和次要质量因素，并对应到胶片质量检测的各个步骤中，以使检测过程顺畅、无遗漏，重点把握主要质量因素，保证各类胶片问题得到不断改善，从而不断提升胶片质量。

3.2.1　选择原则

检测项目选择原则是制定检测项目时的总方针。为保证缩微胶片的成品质量，检测项目应科学合理，全面反映各胶片制作环节的质量问题，着重把握胶片的影像清晰度、内容完整度和外观美观度三个方面。

（1）清晰度，是指制作完成的胶片能够清晰呈现所摄制文献的内容和原貌。具体为：胶片的综合解像力达标、选择合适的缩率拍摄、文字线条无拖影或虚像、影像背景和线条反差适中、文字清晰明了等。

（2）完整度，是指胶片影像完整体现所拍摄的文献内容，无漏拍、中缝夹字、折叠折字、破损漏字、影像超出画幅、分幅拍摄未重叠、页面颠倒、异物压字等问题。这些质量问题会影响文献内容的完整性，缺失的页面或文字内容使胶片失去长期保存的意义。

（3）美观度，是指胶片影像画幅排列整齐、片间距均匀、画幅上下居中、密度均匀，同时胶片本身状态良好，无划伤、污渍、异物、指纹印痕、扭曲变形、接片断裂或倾斜、接缝处空白过大或过小等。

3.2.2　选择项目

GB/T 17292—2008《缩微摄影技术　第一代银–明胶型缩微品的质量要求》规定了第一代银–明胶型缩微品的质量要求；GB/Z 19737—2005 介绍了对银–明胶型缩微品的抽样和检测方法；GB/T 6160—2003 规定了缩微品漫透射视觉密度的测试方法；GB/T 6161—2008[1] 规定了 ISO 2 号解像力测试图的描述和测量；还有 GB/T 7517—2004[2]、GB/T 7518—2005[3]、GB/T 19730—

---

[1]　全国文献影像技术标准化技术委员会一分会. 缩微摄影技术　ISO 2 号解像力测试图的描述及其应用:GB/T 6161—2008［S］.北京:中华人民共和国国家质量监督检验检疫总局,2008.

[2]　全国文献影像技术标准化技术委员会第四分技术委员会. 缩微摄影技术　在16mm卷片上拍摄古籍的规定:GB/T 7517—2004［S］.北京:中华人民共和国国家质量监督检验检疫总局,2004.

[3]　全国文献影像技术标准化技术委员会第四分技术委员会. 缩微摄影技术　在35mm卷片上拍摄古籍的规定:GB/T 7518—2005［S］.北京:中华人民共和国国家质量监督检验检疫总局,2005.

2005①、GB/T 25072—2010②等文献类型的拍摄标准中均对胶片质量进行了规定和论述;《缩微摄影技术等级标准培训教材》③、《档案缩微摄影技术实用手册》④、《缩微原底片质量检查细则》等教材中针对胶片质量也有详细的介绍。

国家和国际标准化文件为缩微胶片质量检测提供了方向和根本依据,但是缩微胶片质量检测是一项复杂的系统工程,完全照搬标准未必可行,实际操作中,会遇到各种特殊情况,如不同的文字类型,文献类型、尺寸、装帧和出版形式以及原件质量等在标准中均无具体规定,需要根据实际情况对标准进行阐释和推广,制定符合具体工作的规范和细则。质量检测项目的制定是对缩微标准规范的补充和完善,两者相辅相成,随检测工作的进行而不断完善。检测项目必须严格依据标准,严禁删减或遗漏检测内容,特别是对一些重要的项目,如解像力,必须要严格按照技术指标检测和执行。

GB/T 17292—2008、《缩微摄影技术等级标准培训教材》、《档案缩微摄影技术实用手册》、《缩微原底片质量检查细则》等4种文献中的缩微胶片质量检测项目,部分从检测流程角度分类,部分从检测原则方面分类,结合文献缩微质检工作的实际情况,部分检测项目(如ISO 1号测试图等)不再详细进行,而一些数据的摘录、接片和成品包装的质量未得到足够重视。按照前节提出的3个检测项目选择原则,本书将需要进行的胶片检测项目汇总如下,并在第二部分中详细对应到各检测环节。表3-1标准化缩微胶片质量检测项目表中,一级项目为三个检测项目选择原则,二级和三级项目列举了日常工作中比较常见的检测项目。在实际的检测过程中,发生的质量问题比表中列举的更多也更复杂,且随拍摄文献类型和数量的增多,特殊情况也将更

①　国家图书馆全国图书馆文献缩微复制中心,全国文献影像技术标准化技术委员会第四分技术委员会.缩微摄影技术　期刊的缩微拍摄　操作程序:GB/T 19730—2005〔S〕.北京:中华人民共和国国家质量监督检验检疫总局,2005.

②　全国文献影像技术标准化技术委员会第四分技术委员会.缩微摄影技术　在35 mm缩微胶片上拍摄存档报纸:GB/T 25072—2010〔S〕.北京:中华人民共和国国家质量监督检验检疫总局,2010.

③　《缩微摄影技术等级标准培训教材》编委会.缩微摄影技术等级标准培训教材〔M〕.北京:北京图书馆出版社,1997.

④　《档案缩微摄影技术实用手册》编委会.档案缩微摄影技术实用手册〔M〕.北京:档案出版社,1990.

多，因此在检测中需要依据检测的三原则和项目选择三原则进行综合判断分析，对胶片的质量进行客观公正的判断。

本节主要论述缩微原底片的质量检测项目，拷贝片的质量检测项目在第13章中具体论述。

表 3-1　标准化缩微胶片质量检测项目表

一级项目	二级项目	三级项目	一级项目	二级项目	三级项目
清晰度	解像力	ISO 2 号测试图	完整度		出版发行项
	缩率	缩率字符			出版地
		缩率尺			出版年
	虚拍	拍虚			版本
		印刷虚			标识系统
		洇字			缺失信息
		墨迹脱落			细目
		文字磨损			丛书项
	密度	片基加灰雾密度			附注项
		6% 或 50% 灰板密度		标板完整度	标板样式
		标板密度			标板顺序
		正文背景密度			图形符合错误
	著录完整度	题名			漏拍标板
		责任者			标板混用

续表

一级项目	二级项目	三级项目	一级项目	二级项目	三级项目
		标板重复			稿台背景
		漏拍			图形符号规格
		错拍			水渍
		重拍			药渍
		漏字			污迹
		透字			指纹印痕
		折字			划伤
	内容完整度	夹字			曝光
		页面颠倒			异物
		未拍完		胶片美观度	折痕
		分幅拍摄			卷边
		遮挡拍摄			粘连
		影像方向			乳剂层脱落
		影像极性			破损
		影像排列			标板或稿台脏污
		片间距			接片
		密度均匀性			引片
美观度	影像美观度	影像扇形和畸变			胶片缠绕方向
		画幅重叠		包装美观度	护片条
		超出画幅			标签
		影像歪斜			胶片盒
		空拍			

表 3-1 中质检项目比前述 4 种文献中少了一项硫代硫酸盐的检测项目，主要是因为根据目前的胶片和药液生产工艺，其含量已微乎其微，且在十多年的跟踪检测中，在正常拍摄和冲洗条件下未发现成品缩微胶片硫代硫酸盐含量的超标情况。硫代硫酸盐的检测需要用到各类化学试剂，具有一定的危害性，不便在日常办公场所检测。目前缩微中心会对新采购批次或更换厂家后的胶片和药液进行成品胶片的硫代硫酸盐含量委托或联合检测机构检测。在实际工作中，一般采用先定性再定量的方式监控硫代硫酸盐含量[①]，在冲洗后观察胶片是否色泽透亮，色泽透亮的直接予以通过，色泽有偏差且经重复试片后未消除的，送检处理。

3.3　缩微胶片质量检测流程

拍摄方式（传统拍摄和数转模拍摄）以及原件类型的多样性，使得胶片检测的具体内容呈现多样化。首先，不同的原件类型决定了检测内容的细微差别，需要在检测过程中予以细致考虑。其次，拍摄方式的不同直接影响了检测内容的侧重点。传统拍摄依赖人工操作，因此需要逐拍检查是否存在漏拍等问题，确保每一张胶片的完整性。而数转模拍摄借助机器的连续性和准确性，极大地减少了人为错误，因此在检查时需更多地关注机器操作产生的技术问题。此外，不同代的缩微胶片也有其特定的检测要求。例如，某些代更侧重于解像力和密度的检查，而另一些代则更注重清晰度等的检查。

在所有这些差异中，缩微原底片的质量检测流程始终是最核心和基础的一环，它是其他类型胶片检测的参照标准，也是保证整体拍摄质量的关键。在原底片质量检测流程的基础上进行适度调整，即可满足不同拍摄方式和不同代检查的具体需求。

以下重点介绍缩微原底片的质量检测流程。质检人员在检测缩微胶片质量的过程中，要认真仔细，尽可能减少绕片次数，以减少对胶片的磨损和接触。

---

① 郝莹,李铭.有关缩微胶片海波残留量测定的若干思考[J].数字与缩微影像,2025（2）:8-12.

3.3.1　综合检测

质检人员首先采用目视方法，整体审视整盘胶片，初步评估其密度是否均匀、标板使用是否规范、画面是否清晰及外观是否存在明显瑕疵，以便对胶片的质量有初步的观察和评价。其次，利用质检设备依次对胶片的解像力、密度等关键指标进行专项、精确的检测，以确保胶片质量达到规定的标准。

3.3.2　重点检测

重点检测是先从重点检测项目入手，根据重点项目的检测结果，再判断是否对次要项目检测。例如，首先检测胶片的综合解像力和密度，这两项都合格后再检验其他项目。如果解像力或密度（整盘）中有一项不合格，需要重新拍摄时，则该盘胶片的其他项目不必检验，可简单核对著录信息后开具补单进行补拍。此举不仅确保了检测流程的严谨性，而且也显著提高了整体工作效率。

3.3.3　标准检测流程框架"四绕八检法"

上述缩微原底片质检流程存在缺乏总体框架、非标准化操作、高度依赖人为因素及检查项目易遗漏等问题。为克服这些问题，有学者[①]依据传统拍摄缩微原底片检测流程和检测项目总结了"八步质检法"，该流程既包括质量检测要点、质量检查细则，也包括对检测环境、检测工具及质检人员素质的要求，本书更进一步将该流程规范为"四绕八检法"。

这套标准化检测流程旨在构建一个清晰且系统化的框架，确保每一步操作均严格遵循既定标准，进而实现对质检工作的全面掌控，减少人为因素的干扰，显著提高质检的准确性和一致性。同时，该流程有助于快速、精准地定位缩微胶片质量问题，及时反馈相关信息，为后续采取针对性的改进措施提供了有力支持，确保了拍摄工作的高效推进与高质量完成。

"四绕八检法"简要流程如图 3-1 所示，该流程要求冲洗完成的胶片的片头在外层，乳剂层朝下，因此需要经过 4 次绕片实现所有项目的检测，具体为：

---

① 樊向伟,房明.缩微母片质量检查标准化流程设计——以民国时期图书母片质检为例[C]//2021年国家图书馆青年学术论坛论文集.北京:国家图书馆出版社,2021:602-611.

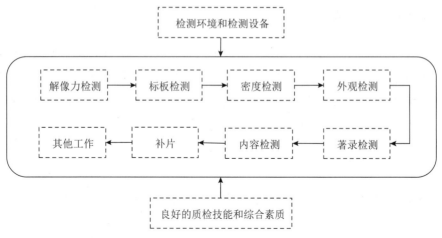

图 3-1 缩微原底片"四绕八检法"示意简图

第 1 次在检片台上绕片，检查解像力、标板和密度，包括标板顺序和标板字符、标板密度、灰板密度、片基加灰雾密度及正文密度，同时观察整卷密度分布是否均匀。

第 2 次在检片台上绕片，将乳剂面绕在外面，为下一步在阅读器上检查内容做准备，同时检查胶片外观，查看画幅间距是否均匀，是否有划伤，是否有水渍药渍等杂物，以及是否存在乳剂层脱落的情况等。

第 3 次在阅读器上检查胶片内容，包括著录检查、内容检查。著录检查包括题名、责任者、出版发行项、出版日期、版本项、丛编项、附注项等；内容检查包括缩率、虚拍、漏拍、重拍、漏字、分幅拍摄、透字、夹字等。

第 4 次为完成胶片质检后在检片台上绕片，绕片后，胶片片头在外、乳剂面朝下，填写护片条，打印粘贴标签，封装入盒。有需要补片的，应按照如前流程检查补片质量，合格的接回原胶片，并按照后续的流程包装成品胶片。图 3-2 列出了标准化质检流程的质检要求。

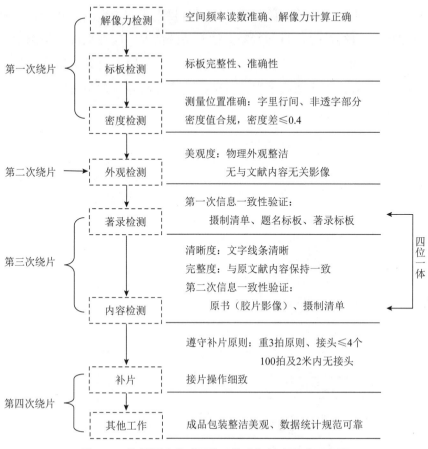

图 3-2　缩微原底片"四绕八检法"检查要求示意图

数转模缩微胶片的质检不需要在阅读器上检查胶片内容，而需重点围绕四个方面展开，即解像力、密度、外观、著录信息。质检人员接收到的数转模胶片一般是片基面在外，片首在胶卷外侧，胶片绕片两次即可完成质检。第一次绕片，测量解像力、标板、密度、著录信息，以及核对整理清单中的卷次信息与胶片影像卷端卷次信息是否一致等；第二次绕片，将胶片乳剂层朝下，片头在外，检测胶片外观，查看片间距是否均匀，是否有指纹划痕、水迹色斑、划伤、卷边、脏污等。对于使用 16mm 胶片拍摄的数转模文献，可酌情增加在阅读器上核对著录信息环节，此时也为经过四次绕片完成质量检测，只是内容检测环节无需根据点书情况逐页核对，仅需保证著录信息四位一体即可。

缩微原底片质量检测的流程及不合格胶片的处理流程见图 3-3 和图 3-4，

质检人员可在接收待质检的胶片后，按照步骤进行逐项检测，并严格按照检测项目的要求进行综合分析和判断。如遇特殊情况，应在循证的基础上，结合检测的三原则进行原因分析及处理结果鉴定，同时要确认故障产生的部位和原因，并向有关工序通报情况，采取措施排除故障，避免重复错误和更大的损失。

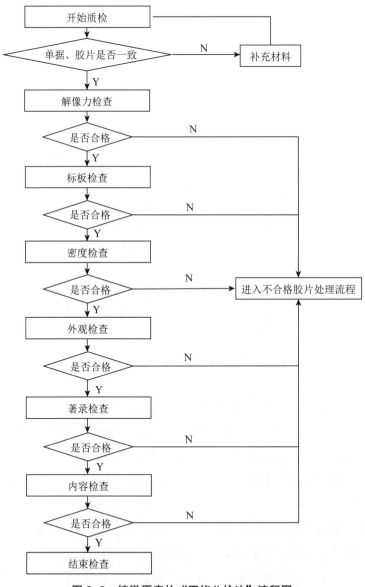

图3-3 缩微原底片"四绕八检法"流程图

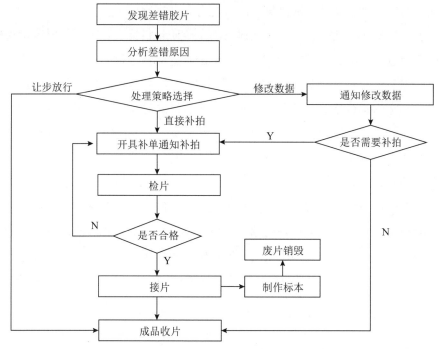

图 3-4　缩微原底片不合格胶片处理流程

3.4　缩微胶片质量等级的划分

根据缩微摄影技术国家和国际标准制作的缩微胶片，在通过验收后均视为合格品。然而，不同合格品内部也存在质量差异，有的可能涉及补拍接片而含有接头，有的含有较多差错次数，而有的则各方面指标均上乘，这一现象表明，即便同为合格品，其质量层次仍有所区分。缩微胶片质量等级管理制度的引入，对于缩微胶片的制作与保存机构而言，有助于梳理缩微胶片的质量，进而激发质量提升的意识，减少制作过程中的错误与补拍。

3.4.1　质量结果的判定

一盘符合标准的胶片，其主要质量指标聚焦于三大方面：卓越的影像质量、优良的胶片保存特性，以及高效的影像传递与还原能力。这三者相辅相成，共同构成胶片质量的基石，缺一不可。质量检验的各个环节均紧密围绕这三项主要质量指标展开,确保每一细节均符合高标准要求。

单项质量的评估,直接影响上述三项主要质量指标。凡是对主要质量指标有积极促进作用的,可评定为"优秀"。在质量检测过程中,若发现胶片在特定检验项目上存在轻微瑕疵,但这些瑕疵并未对主要质量指标造成实质影响,则仍可判定为"合格"。相反,若某项单项质量缺陷直接导致主要质量指标不达标,或无法达成胶片预设的质量标准,则必须严格判定为"不合格"。这样的分类体系,旨在确保胶片质量的全面把控与持续提升。

在缩微胶片质量检验中,缩微胶片的缺陷分为主要缺陷和次要缺陷。主要缺陷是指影响缩微胶片阅读、拷贝和放大还原的缺陷,即影响缩微胶片保存和应用的缺陷,凡含有此类缺陷的画幅影像为不合格,需补拍。次要缺陷是指不影响缩微胶片的保存和应用的缺陷,这些缺陷可以不补拍,但需设法避免。表3-2 是作为长期保存的缩微原底片的质量检查细则。

表 3-2　缩微原底片质量检查细则

序号	检查项目	质量要求和检验结果	检验结果评价		
			优质	合格	不合格
1	解像力	1.1 解像力读数符合标准值	√		
		1.2 解像力读数高于标准值	√		
		1.3 解像力读数低于标准值			√
2	密度	2.1 密度值在规定范围内	√		
		2.2 一盘胶片内密度差大于 0.4,小于 0.5(原件质量差)		√	
		2.3 一盘胶片内密度差大于 0.4(原件质量好)			√
		2.4 少量画幅背景密度差大于 0.4		√	
		2.5 较多画幅背景密度差大于 0.4			√
		2.6 变光拍摄的画幅背景密度差小于 0.3		√	
		2.7 变光拍摄的画幅背景密度差大于 0.3	√		
		2.8 灰雾密度(非染色片基)大于 0.07 小于 0.09		√	
		2.9 灰雾密度(非染色片基)小于 0.07	√		

续表

序号	检查项目	质量要求和检验结果	检验结果评价		
			优质	合格	不合格
3	影像清晰度	3.1 虚像			√
		3.2 影像错动			√
		3.3 两次曝光			√
		3.4 影像拖尾			√
4	缩率	4.1 拍摄同一规格原件，其中夹有少量尺寸较小的资料，未改变拍摄缩率或未放缩率尺	√		
		4.2 漏拍缩率尺或"技术标版"漏放缩率字符			√
		4.3 误拍缩率字符		√	
		4.4 误放缩率尺或重复放置缩率尺		√	
		4.5 非特殊需求而每个画幅内都放缩率尺			√
		4.6 胶片开始端，第一册书的封面或第一拍正文，漏放缩率尺，补放在第2册书的封面或正文处		√	
5	页码排列顺序和文字行顺序（指相邻画幅文字接续）	5.1 页码排列顺序和文字接续同原件一致	√		
		5.2 少数画幅页码顺序拍摄颠倒		√	
		5.3 多数画幅页码顺序拍摄颠倒			√
		5.4 拍摄报纸、少量画幅版次顺序颠倒（第一版报纸必须拍在一日的开始，不能错）		√	
6	标板与图形符号	6.1 标板拍错不能重复，重复拍摄任何一块片首或片尾标识区标板及分割标板			√
		6.2 个别片首标识区或片尾标识区标板顺序颠倒（开始标板或结束标板不能颠倒）		√	
		6.3 标板内容有误，图形符号标板使用错误			√
		6.4 任意使用非标准图形符号			√
7	漏拍	7.1 漏拍正文、封面、封底、原件中插页、书中的签条			√
		7.2 漏拍标板、"原件缺失"图形符号			√
		7.3 漏拍空拍		√	

续表

序号	检查项目	质量要求和检验结果	检验结果评价		
			优质	合格	不合格
8	画幅尺寸和画幅间隔	8.1 在一盘胶片内，拍摄统一规格的原件，画幅尺寸要一致。拍摄中途任意改变画幅尺寸的			√
		8.2 整盘胶片画幅间隔误差过大，呈无规则的变化			√
		8.3 同一盘胶片内有 1/3 左右画幅间隔忽大忽小			√
		8.4 整盘胶片画幅间隔误差较大，且有规则的变化			√
		8.5 部分画幅重叠			√
9	画面、影像	9.1 影像在画幅中端正、居中、排列整齐	√		
		9.2 影像在画幅中不居中，无规则的严重偏离			√
		9.3 影像边缘有一边越出画幅			√
		9.4 个别影像歪斜 ≤ 2°	√		
		9.5 少部分影像歪斜 > 2°		√	
		9.6 拍摄缩率选择不当，影像太小			√
		9.7 影像"扇形畸变"严重			√
		9.8 原件伸展不平、字体轻微变形		√	
		9.9 原件伸展不平、字体严重变形			√
		9.10 原件有轻微透字	√		
		9.11 原件有严重透字			√
		9.12 原件墨迹渗透，加衬纸拍摄无效		√	
		9.13 原件破损或折角造成的遮挡文字，丢失信息			√
		9.14 原件起皱，造成文字变形或轻微遮挡文字		√	
		9.15 原件起皱，又不能修复展平造成文字变形或遮挡文字		√	

续表

序号	检查项目	质量要求和检验结果	检验结果评价		
			优质	合格	不合格
10	外观	10.1 片首、片尾和空白片部位有少量指纹印痕		√	
		10.2 胶片全黑部位有白指纹印痕，胶片任何部位有黑指纹印痕			√
		10.3 画面上有指纹印痕处理后消除	√		
		10.4 片首和片尾（含标板区）有轻微划伤		√	
		10.5 正文画面上有很轻微划伤（不影响第二代拷贝质量）		√	
		10.6 有轻微黑划痕		√	
		10.7 有重划痕			√
		10.8 胶片任何部位乳剂脱落			√
		10.9 胶片有水迹，技术处理后消除不留下痕迹	√		
		10.10 整盘胶片水迹严重，重新漂洗水迹全部消除	√		
		10.11 上述"10.10"漂洗后水迹未全部消除			√
		10.12 胶片上任何部位有药液或化学颜色污染			√
		10.13 胶片局部粘上脏物，处理后消除，胶片无损伤	√		
		10.14 胶片有轻微折痕，不影响拷贝质量		√	
		10.15 上述"10.14"折痕严重			√
		10.16 胶片有轻微卷边		√	
		10.17 胶片有小卷边，较严重			√
		10.18 胶片上有树枝状静电痕			√
		10.19 胶片片边有缺口、撕伤、啃边			√
		10.20 片首、片尾空白片部位轻度闪光		√	
		10.21 画面上闪光或空拍画幅及画幅间隔处闪光严重			√

续表

序号	检查项目	质量要求和检验结果	检验结果评价		
			优质	合格	不合格
		10.22 画幅内影像外围拍入异物，如：纸屑、笔等，数拍后又消失		√	
		10.23 影像内拍入异物，如：手指、测光表等			√
		10.24 整盘胶片画幅内，影像外围都拍入了异物			√
		10.25 摄像机头倒影拍入画面，有轻微影响		√	
		10.26 天花板上安装的照明灯拍入画面			√
		10.27 原件纸面光滑不平，强反射光形成光斑			√
		10.28 烘干温度太高，胶片已轻微变形		√	
		10.29 上述"10.28"胶片严重变形			√
		10.30 干燥程度不够，胶片局部粘连，留下明显粘连痕迹（如亮斑）		√	
		10.31 上述"10.30"胶片粘连严重已损失乳剂面			√
11	胶片长度	11.1 片盘绕片长度超过规定值，胶片外端离片盘边缘＜3mm			√
		11.2 片头尾预留不足或超过75cm空白片			√

3.4.2 缩微胶片质量等级

缩微胶片质量等级的划分是以缩微胶片制作标准和质量检验项目及检验结果的有关内容作为评价依据。传统拍摄的缩微胶片质量等级可分为优品品、合格品，如表3-3和表3-4所示，数转模缩微原底片的质量等级标准规范还在研制中。表3-3和表3-4中未详述的检查项目按照表3-2执行。

表3-3　35毫米原底片质量等级指标

序号	检查项目	优质品	合格品
1	解像力	合标准	合标准

续表

序号	检查项目	优质品	合格品
2	密度	现代报纸 1.0—1.4 民国时期报纸 0.8—1.2 善本 0.9—1.2	报纸 0.90—1.4 或 0.75—1.25 善本 0.8—1.3 一片卷内密度差 ≤ 0.4
3	缩率	合标准	合标准
4	影像排列	合标准	合标准
5	接头情况	无接头	整卷内接头 ≤ 4 处
6	外观	不明显	稍有但不影响正文
7	废拍	无	15 米以上片卷 ≤ 3 次 如无接头 ≤ 6 次 15 米以下片卷 ≤ 2 次 如无接头 ≤ 3 次
8	差错次数（重拍、颠倒等）	无差错	15 米以上片卷 ≤ 4 次 15 米以下片卷 ≤ 2 次

表 3-4　16 毫米原底片质量等级指标

序号	检查项目	优质品	合格品
1	解像力	合标准	合标准
2	密度	一般 0.8—1.2 低反差 0.7—1.1	一般 0.7—1.25 低反差 0.7—1.15 一片卷内 D 差 ≤ 0.4
3	缩率	合标准	合标准
4	影像排列	整齐美观	稍有不正，歪斜度 ≤ 2°
5	接头情况	无接头	整卷内接头 ≤ 4 处
6	外观	不明显	稍有但不影响正文
7	差错次数（重拍、颠倒等）	废拍不超过本种拍数的 0.5% 及差错次数不超过 5 次	废拍不超过本种拍数的 1.5% 及差错次数不超过 5 次，无接头时可放宽 1 倍

第二部分　缩微原底片质量检测要求

4 质量检测准备

质检人员应对送达待检的胶片及时进行各项指标检查，以便第一时间反馈质量问题，避免前序制作继续出现偏差和错误。在胶片检测开始前，应做好相应的准备，保证检测工作的顺利进行，主要有设备准备、单据和胶片准备。

4.1 设备准备

质检前需配置好必要的专用仪器和工具，常用的检测设备有检片台、密度计、显微镜、阅读器、接片机等，通常需要按照如下流程提前调试：

（1）检片台上准备好手套、绒布，同时将放大镜、剪刀、刷子、吹气皮囊等常用工具放置于方便拿取的位置，保持台面整洁。

（2）接通密度计电源，打开托台背景灯源开关，预热 10 分钟，测量时先把密度计归零再测量。

（3）打开检片台光源，以便清晰观察胶片基本外观情况，如划痕、水渍等。

（4）打开显微镜，调整倍数，启动光源，首先对试片进行解像力测定，合格后方可通知摄制人员正式拍摄。

（5）按照胶片类型更换阅读器镜头，并加减垫片调整滚轴宽度。打开阅读器，调节亮度，确认屏幕视线范围无异物、指纹等，避免镜头及压玻片有异物。

（6）打开接片机电源，确保卡槽内无胶片碎屑，根据胶片尺寸调整片槽大小，确保探头压力正常。

4.2 单据和胶片准备

在质量检测的过程中，必须依照整理清单、摄制清单等进行胶片内容的核对，确保摘录信息、文献清点的准确性，以及在需要补片时开具相应的补单。

4.2.1 母片接收登记单

胶片冲洗完成后，通常会连同摄制清单和冲洗交接单一并送达质检办公室，质检负责人首先要在母片接收登记单上根据待检胶片信息进行登记，包括登记日期、拍摄人员、卷号等（见图4-1），然后将胶片分配给质检人员。待检的胶片应与废片、检测完毕的胶片分区放置，防止混淆错乱，检查完毕后按胶片类别放置于胶片柜，定时与清单一起移交库房。

母片接收登记单

登记日期	拍照员A	拍照员B	拍照员C	拍照员D	拍照员E	拍照员F

图4-1 缩微母片接收登记单

4.2.2 摄制和整理清单

摄制和整理清单是质量检测中每盘胶片的原始档案，质检人员需要根据摘录的信息进行各项检测，并将胶片的外观、检测数据信息、胶片质量分级信息等登记其中。摄制清单会根据胶片质检类型有所区分，图4-2为普通图书摄制清单示意图，上部为前整理人员的摘录信息，中部为拍摄和冲洗人员的登记信息，下部为质检人员的检测结果记录区。摄制清单记录了最全面的胶片信息，质检人员须遵循质检标准，并客观真实地记录胶片情况。

普通图书摄制清单

001字段记录标识号：　　199213276

题名	空山零雨：落华生散记之一			责任者	落华生著	版本	再版
出版地及机构	上海：商务印书馆[发行者]	出版年	民国十五年[1926]	各片盘摄制细目			
页码	1册（　120　页）	尺寸	19 cm	分盘号	内容		缺失细目
载体形态项及丛编项	文学研究会丛书			1	全书		
附注项	书名原文：Rain-drops on a deserted mountain			2			
				3			
统一书号		收藏单位	国家图书馆		摄制单位	国家图书馆	
原件分类号		原件索取号	MG/848/607-6	总米数	3	总拍数	76	片盘规格	16mm银盐
片盘编辑者	严萍	片盘拍摄者		片盘冲洗者	肖波	片盘代号	01M 078564	画幅方式	2B
拍照机型号	D5N	拍摄缩率	16 X	摄制时间		中心编号	00M	入库日期	

各片盘技术指数									
分盘号	解像力	密度	废拍	接头	技术处理原始记录	优质		合格		检查者
						米数	拍数	米数	拍数	
1					责任者 出版地 出版机构 出版年 依原数据					
2										
3										

图 4-2　普通图书摄制清单示意图

　　图 4-3 是普通图书整理清单示意图，包含图书的各类页面信息和页码数量，质检人员需要根据清点的页码数逐页清点胶片图像，保证影像无丢失、重复等。

普通图书整理清单

项目	页数	项目	页数	项目	页数	项目	页数	项目	页数	项目	页数	项目	页数
封面	2	正文	121-280										
空白页	2	无页码	4										
书名页	2	封底	2										
无页码	6												
目录	10												
正文	120												
图	4张												
图	2张												

注：实际拍数　＝　314/2+9+1=167
　　总拍数　＝　65+(314/2+1)+9+1=233

图 4-3　普通图书整理清单示意图

4.2.3　补单

补拍清单如图 4-4 所示，记录需要补片的片盘代号、问题内容、补片内容等并质检人员签字确认，再传递给前序工序进行数据修改或补片。描述胶片质量问题要清晰简洁，写清具体错误原因及补片位置，并签字确认。补片完成后应质检人员及时修改补拍标记，避免长时间未完成补拍。

缩微胶片补单

拍摄人/单位		文献类型		
序号	片盘代号	问题内容	措施类型	数据修改/补拍内容
1			□补拍 □数据修改 □数据修改+补拍	
2			□补拍 □数据修改 □数据修改+补拍	

质检人员：　　　　　　　　　　退补日期：　　年　月　日

图 4-4　补单示意图

5　解像力检测

缩微胶片的生产需要缩微摄影机、感光材料和处理工艺的共同作用，这三者组成的缩微系统记录字母、数字、字符或紧密排列线条的细节的能力千差万别，而这种体现字符细节的能力正是缩微胶片存储文献内容的关键评价指标。在文献缩微工作中以解像力表示缩微系统的这种能力，通过测量待检胶片中相应字符或测试图的参数，来表征缩微系统映射到缩微胶片上的最大性能。

5.1　解像力的特征

解像是摄影系统或光学系统记录或显示细部的能力，而解像力是光学或摄影系统解像极限的数值表达，该数值使用 ISO 2 号测试图进行测量，大小为测试图影像在 1mm 内可分辨的线对数[①]。解像力又称分辨率、鉴别率等，用 R_F 表示，单位为线对每毫米[②]。GB/T 6161—2008《缩微摄影技术　ISO 2 号解像力测试图的描述及其应用》规定了缩微胶片中解像力的测试方法，并在 GB/T 17292—2008《缩微摄影技术　第一代银-明胶型缩微品的质量要求》中对各代缩微胶片应达到的解像力作出了明确规定，质量检测中可根据文献类型和拍摄缩率判断解像力。

[①]　全国文献影像技术标准化技术委员会第七分会. 缩微摄影技术　词汇　第 5 部分：影像的质量、可读性和检查：GB/T 6159.5—2011［S］. 北京：中华人民共和国国家质量监督检验检疫总局，2011.

[②]　《缩微摄影技术等级标准培训教材》编委会. 缩微摄影技术等级标准培训教材［M］. 北京：北京图书馆出版社，1997.

5.1.1　ISO 2 号测试图

ISO 2 号测试图中有若干测试图样，测试图样由两组彼此隔离且互相垂直的各 5 条等宽等长平行线组成，如图 5–1。在测试图样中，一条黑线和与其等宽的相邻间隔的组合即为 1 个线对。在理想情况下，测试图样中的线条可清晰分辨，但是当测试图不断缩小接近到一定程度时，线条组就会产生模糊，使线条无法区分开，据此可检测到胶片解像力的极限性能。能够分辨的线间距越小，则胶片的解像力越大，缩微摄影系统的性能越高。

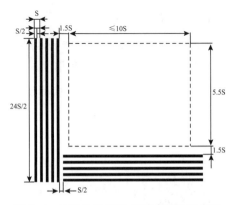

图 5–1　ISO 2 号解像力测试图样示意图

测试图样中还有标示数码，位于测试图样右上角（见图 5–2），该标码为测试图样的空间频率，即该图样每毫米所含线对数。若测试图样的线间距为 S（单位为毫米），线宽和线间隔均为 d=S/2，则该图样的空间频率 P 为：

$$P = \frac{1}{2d} = \frac{1}{S}$$ 公式 5–1

图 5–2　带标码的 ISO 2 号测试图样示意图

根据公式 5–1，可计算出任一空间频率测试图样的线宽、线间隔和线间距。例如，空间频率为 2 线对每毫米的测试图样，其线宽或线间隔为：

$$d = \frac{1}{2P} = 0.25\,\text{mm} \qquad\qquad 公式\ 5{-}2$$

线间距为：

$$S = \frac{1}{P} = 0.5\,\text{mm} \qquad\qquad 公式\ 5{-}3$$

即在标示数码为 2.0 的图样中，每个线条宽 0.25mm，则由一个线条和一个间隔组成的线对宽 0.5mm，因此图样的空间频率为 2 线对每毫米。

ISO 2 号测试图由 26 个测试图样组成，并按照图 5–3 中的阶梯排列，各图样的标示数码从 1.0 开始，按照 GB/T 321—2005[①] 给出的 R20 优先数系排列，其空间频率数依次为 1.0、1.1、1.25、1.4、1.6、1.8、2.0、2.2、2.5、2.8、3.2、3.6、4.0、4.5、5.0、5.6、6.3、7.1、8.0、9.0、10.0、11、12.5、14、16、18。

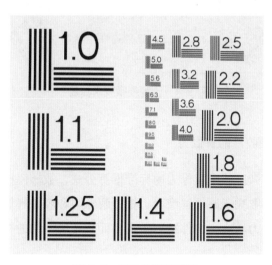

图 5–3　ISO 2 号测试图

———————

① 机械科学研究院中机生产力促进中心,时代集团公司,北京计量检测科学研究院,等. 优先数和优先数系:GB/T 321—2005［S］.北京:中华人民共和国国家质量监督检验检疫总局,2005.

5.1.2 传统缩微胶片的解像力

传统缩微拍摄利用摄影设备对原始纸质文献进行拍摄，拍摄时使用技术标板对解像力进行监测，如图 5-4。技术标板内含有 5 个 ISO 2 号测试图，分别代表页面 5 个部分的解像力，一般中心解像力最高。技术标板测定的解像力可以直接代表胶片对纸本文献的解像力。在技术标板上还有反射率 6% 和 50% 的灰板、缩率标尺、缩率字符。

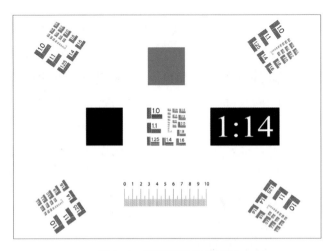

图 5-4　传统缩微技术标板

5.1.3 数转模胶片的解像力

公式 5-4 是缩微工作中解像力的标准推算公式，数转模拍摄系统和传统拍摄系统的解像力都取决于原件解像力、拍摄解像力和胶片解像力，但是传统拍摄系统的原件解像力取决于原件纸本质量，而数转模系统的原件解像力取决于数字影像的精度[①]。

$$\frac{1}{(R_{系统})^2} = \frac{1}{(R_{原件})^2} + \frac{1}{(R_{摄影机})^2} + \frac{1}{(R_{胶片/放大倍数})^2} \qquad 公式\ 5\text{-}4$$

对于数字存档技术所生成胶片的解像力确定方法参考 GB/T 19474.1—

---

① 刘小露,樊亚宁,王浩.古旧文献数字信息转换缩微胶片技术探究——以馆藏方志家谱数转模项目为例［J］.数字与缩微影像,2014（2）:4-6.

2004 标准。该标准中所使用的测试标板为数字标板，所检测的是数字存档拍摄系统解像力，可以直接检测缩微胶片对原生数字图像的解像力[①]。对原生数字资源的数转模胶片，其标板的解像力可以直接代表胶片对原件的解像力，拍摄系统的解像力能代表整个被拍摄文本的解像力。再生性数字资源进行数转模时，数字存档整个系统的解像力可分为两方面：一方面是数字存档拍摄系统解像力，是指拍摄系统再现被拍摄数字影像细部的能力；另一方面是数字存档全流程系统解像力，是指包括纸本文献扫描在内的整个数字存档系统再现纸本原件细部的能力[②]。而在这二者之间，还存在可能的摩尔效应（摩尔条纹）问题。对于再生性数字资源，数字标板并不能代表整个系统的解像力，其检测范围只包含了数字影像转换缩微影像的过程，而不包含纸本原件转换数字影像的过程，也没有将可能的摩尔效应考虑进去。

缩微中心目前使用的 OP 系列数字存档机采用了类似 ISO 2 号测试图的技术标板，其灰度标板和技术标板分开设计，如图 5-5、图 5-6 所示。灰度标板中包含 0—250 阶，共 26 个色阶灰度块，检测 250 灰度块密度值，一般在背景密度 1.20—1.40 之间检测为宜。技术标板的中心及四周有类似 ISO 2 号测试图的测试图，每个测试图中有 17 个螺旋排列的测试图样，其标示数码依次为 0.7、0.8、0.9、1.0、1.1、1.2、1.4、1.6、1.7、2.0、2.2、2.6、3.1、4.0、5.2、8、16。

[①] 全国文献影像技术标准化技术委员会一分会.缩微摄影技术 开窗卡扫描仪制作影像质量的测量方法 第1部分:测试影像的特征:GB/T 19475.1—2004［S］.北京:中华人民共和国国家质量监督检验检疫总局,2004.

[②] 宁三香.基于数字存档技术中缩微品解像力研究[J].图书馆理论与实践,2016(4):95–100.

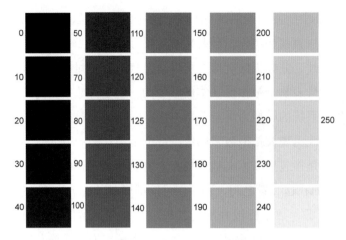

图 5-5　数转模灰度标板示意图

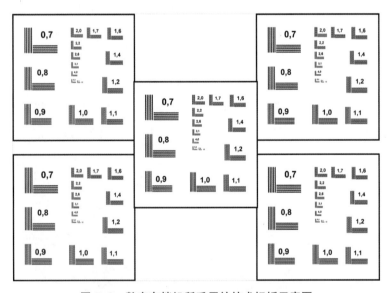

图 5-6　数字存档机所采用的技术标板示意图

5.2　质量因数法

摄影解像力的大小只能表示缩微摄影系统的极限分辨能力，而不能全面反映胶片上缩微影像的清晰程度。实际应用中还应根据摄制对象的需求确定最佳的解像力，如文字大小等。因此，针对不同的摄制载体及细节差异，GB/T 16573—2008[①] 使用质量因数法来确定具体的解像力要求。

质量因数法是通过被摄原件字体的字高与摄影解像力值的关系来评价缩微影像质量的一种方法。在胶片上的缩微影像的清晰度和可读性，除与摄影解像力有关外，还与被摄原件的质量，如字体的字号、反差、清晰程度等条件有关。拷贝缩微胶片的影像清晰度和可读性，除以上两种因素外，还与拷贝的代次有关，每拷贝一次，清晰度大约下降一级。

GB/T 16573—2008 中规定的质量因数法是对印有不同高度的小写字母"e"的被摄原件和 ISO 2 号测试图在不同缩率下拍摄和计算，确定缩微影像的清晰程度同被摄原件的字高、摄影解像力及原底片拷贝代次之间的关系，再根据不同质量因数水平进行胶片质量的分级，对胶片进行标准管理。中文字符在文字结构上比英文字符更为复杂，中文字符和英文字符的文字大小和细节间距情况并不相同，解像力的要求比英文字符的要求更高。中文字符可参考 GB/T 16573—1996 和 GB/T 30536—2014[②] 中关于原始文件制作的建议。

5.2.1 质量因数法计算

质量因数法计算公式如下：

$$QI = H \times P \qquad\qquad 公式\ 5\text{-}5$$

公式 5-5 中：

QI 表示质量因数值。

H 表示被摄原件中印刷字母"e"的高度（毫米）。

P 表示 ISO 2 号测试图缩微影像中"可分辨最小图样"的空间频率读数。

例如：若被摄原件中，字母"e"的高度 H=2.0mm，2 号测试图缩微影像中"可分辨最小图样"的空间频率读数 P=4.0，则该影像的质量因数值为

---

① 全国文献影像技术标准化技术委员会四分会. 缩微摄影技术 在16mm和35mm银–明胶型 缩微胶片上拍摄文献的操作程序:GB/T 16573—2008［S］.北京:中华人民共和国国家质量监督检验检疫总局,2008.

② 全国文献影像技术标准化技术委员会第四分技术委员会. 文献成像应用 对原始文件制作的建议:GB/T 30536—2014［S］.北京:中华人民共和国国家质量监督检验检疫总局,2014.

QI=2.0×4.0=8。

5.2.2 质量因数等级

根据胶片上缩微影像的可读性，可将缩微影像划分为三个质量等级，即最低质量、允许质量和最佳质量。英文字符是以字母"e"为基础设计的质量等级划分，各质量等级的质量因数值和影像清晰度为：

最低质量：3.6 ≤ QI < 5.0（阅读无困难）

允许质量：5.0 ≤ QI ≤ 8.0（清晰辨认）

最佳质量：QI > 8.0（优秀级别）

中文字符在文字结构上比英文字符更为复杂，鉴于汉字结构所具有的复杂性、多样性和密集性等特点，解像力的要求也比英文字符的要求更高。GB/T 16573—2008 中，对中文字符缩微胶片质量因数等级划分如下：

最低质量：7.0 ≤ QI < 11.0（阅读无困难）

允许质量：11.0 ≤ QI ≤ 18.0（清晰辨认）

最佳质量：QI > 18.0（优秀级别）

结合中文文字的复杂程度及待转换文献的文字高度，在此以古籍善本文献数转模为例，清朝早期文献的文字高度一般在6mm—7mm，根据公式推导，其空间频率读数在2.8以上均可以得到较好的图像解像力。

5.3 解像力标准要求

5.3.1 传统缩微解像力标准

根据质量因数等级标准划分及解像力计算公式，可以对不同文献提出相应标准。GB/T 17292—2008、GB/T 7517—2004、GB/T 7518—2005、GB/T 25072—2010、GB/T 16573—2008 等标准对各类文献在不同拍摄缩率下应达到的最低综合空间值做出了规定，如表5–1。

表 5-1　缩微原底片综合解像力表

名义缩率	缩率范围		2 号测试图图样标识数码		
			第一代	第二代	发行拷贝
1 : 10	≥ 1 : 9	< 1 : 11	9.0	8.0	7.1
1 : 12	≥ 1 : 11	< 1 : 14	8.0	7.1	6.3
1 : 16	≥ 1 : 14	< 1 : 17	7.1	6.3	5.6
1 : 18	≥ 1 : 17	< 1 : 20	6.3	5.6	5.0
1 : 22	≥ 1 : 20	< 1 : 23	5.6	5.0	4.5
1 : 24	≥ 1 : 23	< 1 : 28	5.0	4.5	4.0
1 : 30	≥ 1 : 28	< 1 : 33	4.5	4.0	3.6
1 : 36	≥ 1 : 33	< 1 : 38	4.0	3.6	3.2
1 : 40	≥ 1 : 38	< 1 : 44	3.6	3.2	2.8
1 : 48	≥ 1 : 44	< 1 : 52	3.2	2.8	2.5

在实际的拍摄中，古籍一般使用 35mm 胶片的 10 倍标板拍摄，综合空间频率读数至少应为 9.0；书刊使用 14 和 15 倍技术标板的综合空间频率读数至少应达到 7.1，使用 19 和 20 倍技术标板的综合空间频率读数至少应达到 6.3。

5.3.2　数转模胶片解像力

原生数字资源缩微胶片的解像力要求综合空间频率读数达到 8。数转模再生资源的解像力分两部分考虑，在保证摄影系统符合传统标准的前提下，要确认数字扫描部分的分辨率，GB/Z 44646—2024《文献管理　数字保存　模拟记录成银 – 明胶型缩微品》[①] 中指出，数字图像的分辨率在 200dpi 即可获得较高的胶片质量。

---

① 北京市城市建设档案馆,北京国图文化发展有限责任公司.文献管理　数字保存　模拟记录成银 – 明胶型缩微品:GB/Z 44646—2024〔S〕.北京:国家市场监督管理总局,2024.

5.4 解像力检测步骤

5.4.1 技术标板拍摄和冲洗

首先，利用正式拍摄时所使用的缩微摄影机和缩微生胶片，在一定的缩率条件下对解像力技术标板进行拍摄。为了能够准确地测出该缩影系统所能达到的最佳解像力，通常选取几个不同的曝光量逐级拍摄。

其次，在胶片拍摄后，利用正式冲洗时所用的冲洗机和冲洗条件进行冲洗处理。

5.4.2 选择检测画幅

经拍摄、冲洗后，试片上包含若干个记录有解像力测试图并按一定密度梯度排列的缩微影像。然后，利用密度计分别测出胶片上各画幅内"灰板"影像的密度值，选择50%灰板密度为0.9—1.1的画幅作为检测画幅[①]；正像胶片中选择密度低于0.16的6%灰板的画幅进行检测。

5.4.3 观测测试图样

利用显微镜对选定画幅中的ISO 2号测试图进行放大观测。观测时依据以下原则和方法：

（1）显微镜的放大倍数应为欲观测的最小图样解像力值的1/3—1倍。例如，欲观测的最小图样的解像力值为150线对每毫米时，显微镜的放大倍数应选在50—150倍。

（2）被观测的胶片应放置在显微镜的载玻台上，乳剂面向上，摆正压平，并使被观测的图样对准显微镜镜头的视场中心。

（3）观测测试图样时，如果一个测试图样的两组线条都能清楚地分辨开，则该图样就是可分辨的。然后从大图样至小图样依次观测，从中找出一个线条刚刚能被分辨的最小图样，并读取空间频率读数。

---

① 全国文献影像技术标准化技术委员会一分会.缩微摄影技术 检查平台式缩微 摄影机系统性能用的测试标板:GB/T 17293—2008［S］.北京:中华人民共和国国家质量监督检验检疫总局,2008.

在观测时，如果测试图样中方向相同的一组线条可以分辨，而与之相垂直的一组线条却不能分辨，其原因可能是观察者的视力有缺陷或显微镜有缺陷，为此，可将图样旋转 90° 重新观测。若原来不能分辨的一组线条变为可分辨时，则该图样为"可分辨图样"；若原来不能分辨的一组线条仍然不可分辨，则该图样是不可分辨的，空间频率读数应取大一级数字。

在观测时，有时会出现五条线以上或某一图样不可分辨而比它小的图样却可分辨的虚假解像现象。这种虚假解像现象一般是由于缩微摄影机镜头的调焦误差造成的。产生虚假解像的图样被认为是不可分辨的图样，真的解像力值应由比第一个出现的不能分辨图样大一级的图样来确定。因个人视力差别，可若干人观测以修整观测偏差。

5.4.4 综合空间频率读数

依次观测技术标板影像中心和四角处的 5 个 ISO 2 号测试图，并从中找出各自的"可分辨的最小图样"，并记下空间频率读数，选择最小的读数作为拍摄系统的综合空间频率读数。

5.4.5 计算解像力

摄影解像力值是利用综合空间频率读数同拍摄时缩微摄影机的缩小倍数相乘而求出的。例如：当综合空间频率读数 P 为 5.6，缩微摄影机拍摄 ISO 2 号测试图时的缩小倍数（M）为 20 时，则该缩影系统的摄影解像力值为：

$$R=P×M=5.6×20=112（线对每毫米）\qquad 公式 5-6$$

摄影解像力测试值的大小，除主要取决于镜头和胶片本身的分辨本领外，还受到诸多其他因素的影响。影响摄影解像力测试效果的其他因素主要有：

（1）成像设备的性能。除摄影镜头本身的质量外，缩微摄影机其他部件以及拷贝机各部件机械性能的好坏，对摄影解像力测试值的大小影响很大。例如，由于装配不良而造成的摄影机镜头"偏心"、调焦机构的误差、胶片偏离结像平面、拷贝机胶片密接效果不好、机械稳定性差而使曝光瞬间产生机械振动，以及其他各种机械故障等。这些都会直接影响摄影解像力值的测试结果。

（2）曝光量。在利用缩微摄影机拍摄 ISO 2 号测试图时，其影像密度将随着曝光量的增加而变大。在一定的影像密度范围内，摄影解像力的测试值会随着影像密度的增大而升高。当影像密度增大到一定程度后，若再继续加大曝光量，其摄影解像力测试值反而会下降。可见，合理地确定曝光量是提高摄影解像力测试值的重要条件之一。

（3）显影条件。显影加工时，各种显影条件应选择适当，否则会造成缩微影像密度的过大或过小。因此，若显影条件控制不当，也会导致摄影解像力的下降。

（4）观测条件。利用显微镜放大观测时，其观测结果与显微镜镜头质量、放大倍数、灯光照明等客观条件有关，而且还与观测者的观测技能、视力条件等主观因素有关。为了减少人为误差，应注意提高观测者的观测技能和判断能力。

6 标板检测

在缩微工作中，标板是为有效标识缩微摄影系统、被摄原件、缩微胶片特征和内容而由图形符号、文字、表格等组成的，印制或制作在平板或纸张上的被摄对象，放置在文献开始、结束及中间部位。通过手写、绘画、印刷、打印等方式制作出可用光学方法识别的图形符号，无需借助语言，便能清楚明了地传递信息、表达目的或概念，再辅以标识缩微胶片内容或编号的文字，就构成了缩微专用标板。按照标板的内容，可分为图形符号标板、文字标板、测试标板等。

标板检测需要对标板的图形符号、标板顺序、标板的完整度、标板内信息进行检查，以确定标板中各类信息的正确和规范。

6.1 图形符号标板

GB/T 7516—2008[①] 给出了缩微摄影技术中用于传达有关缩微品原件状态、制作和使用信息的图形符号，如表6-1。图形符号标板可单独使用，也可以和文字标板结合使用，在检测过程中应注意前后类似图形符号的表示方式，放置时的位置，以及放置时的背景底色，一般图形符号标板均应放置在白色基板上。

---

① 全国文献影像技术标准化技术委员会第一分委员会.缩微摄影技术　缩微拍摄用图形符号:GB/T 7516—2008［S］.北京:中华人民共和国国家质量监督检验检疫总局,2008.

表 6-1 缩微摄影技术用图形符号表

ISO 7000中的参考号	符号图形	符号含义	符号用途	符号使用位置
0075		卷片结束	表示该盘缩微卷片画幅的结束	在该盘卷片画幅结束处的最后一个画幅
0076		卷片开始	表示该盘缩微卷片画幅的开始	在该盘卷片画幅开始处的第一个画幅
0077		原件难阅读	表示原件阅读困难	优选在有缺陷文件影像之前一个画幅
0078		原件损坏装订错误	表示原件损坏或装订错误	优选在有缺陷文件影像之前一个画幅
0079		编号错误日期错误	表示文件的编号和（或）日期是错误的	优选在该文件的影像之前面的画幅
0080		影像重复	表示有意重拍的影像	优选在需要重拍影像的后面
0081		原件缺失和（或）缺期号	表示原件有一部分缺失	优选在缺失部分之前一个画幅
0486		原件需拍摄	表示该部分文件需要拍摄	可在原件夹上放置符号表明

ISO 7000 中的参考号	符号图形	符号含义	符号用途	符号使用位置
0487		原件不拍摄	表示该部分文件不需要拍摄	可在原件夹上放置符号表明
0488		原件为彩色	表示原件是彩色的	优选在该彩色原件的影像之前面的画幅
0489		第一代缩微品为彩色	表示第一代缩微品是彩色的	应记录在第一代彩色缩微品上，优选在卷片开始处
0490		转下盘	表示卷宗继续在另一盘卷片中拍摄	在卷片结束处"卷片结束"符号之前一个画幅
0491		接上盘	表示卷宗的开头在另一盘卷片中	在卷片开始处"卷片开始"符号之后一个画幅

6.1.1 开始和结束标板

在每盘胶片的开始和结束处应放置开始和结束标板，用以标识一种文献或一种文献的某一分卷的开始和结束。除报纸等连续出版物外，图书、期刊、古籍等文献还应在开始和技术标板上放置片盘代号，或加上相应的分卷号，如图6-1。报纸类胶片在题名标板放置相应的片盘代号及分卷号，在开始和结束标板上只有开始和结束符号图形，不放置片盘代号和分卷号。

片盘代号的数字卡片应保持干净整洁，若出现磨损严重的情况应及时更换，避免因字迹不清影响辨识。

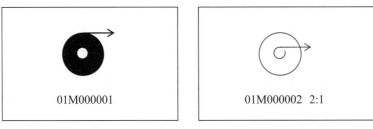

01M000001　　　　　　　　01M000002　2:1

图 6-1　图书类文献开始和结束标板示意图

6.1.2　摄制机构标板

摄制机构标板上有"全国图书馆文献缩微复制中心"字样、缩微中心logo、拍摄单位、拍摄年份、版权等信息，如图 6-2。摄制机构标板应确保拍摄单位名称正确，拍摄年份逐年更换。此处的拍摄年份不是文献的出版年份，而是将文献拍摄为胶片的年份。在报纸的拍摄中应重点区分拍摄年份与题名标板中年份的差异。

图 6-2　摄制机构标板示意图

6.2　文字标板

文字标板是利用简要文字（字母或数字）对缩微胶片和原件作简要的说明，一般是预制或打印的，可便利地更换不同内容。除报纸文献的分割标板放置在黑色基板上外，其余的标板均放置在白色基板上，预制或打印的字符应保持清晰，出现磨损时须及时更换，其字符与基板之间的反差不低于0.7，字符在缩微胶片上应可直读。文字标板主要有以下几种：

6.2.1 题名标板

题名标板起标识片卷内文献内容的作用，一般字符字号较大，题名标板内汉字、阿拉伯数字和拼音文字均应使用黑体字，西文应单词首字母大写，可直视观察，更详细的著录信息则在著录标板摘录。根据文献类型的不同，题名标板略微不同，主要有以下几种题名标板：

6.2.1.1 书刊类题名标板

书刊类题名标板只在标板上摘录题名和责任者即可，如图6-3。一般不允许题名标板上的信息有任何错误，责任者的责任方式可允许适当的差错，另外校对、校阅等责任者信息也需在题名标板摘录，而丛书项的责任者（如主编等）可在225字段摘录，不必摘录在题名标板。多分卷的文献还应在题名标板下方摘录分卷号和分卷内容，以便更加清晰地表明片卷拍摄的内容。

图6-3 书刊类题名标板示意图

6.2.1.2 报纸类题名标板

报纸类题名标板上放置的字符较多，包括报纸题名（英文题名）、报纸出版年份、分卷号、摄制号、分盘信息等，内容均可直读，如图6-4。应注意，如报纸自创刊起就有英文题名（非拼音题名）则需在报纸题名下放置英文题名，否则英文题名摘录在附注项即可，写明出现英文题名的起止信息。报纸名称应使用原报名的复制字体，但不一定是原报名的书写格式。原报名是竖排格式的，应改为横排格式。

| 报纸题名
Newspaper Title

1955 年
1/1
01N000567

第 1/1 卷　1月–12月 | 报纸题名
Newspaper Title

1956 年
1/2
01N000568

第1/2卷　1月–6月
第2/2卷　7月–12月 |

| 报纸题名
Newspaper Title

1957-1959 年
1/1
01N000569

第 1/1 卷　1957年1月–12月
　　　　　1958年1月–12月
　　　　　1957年1月–12月 | 报纸题名
Newspaper Title

1977-1978 年
1/2
01N000570

第1/2卷　1977年12月
　　　　　1978年1月–6月
第2/2卷　1978年7月–12月 | 报纸题名
Newspaper Title

1960-1961 年
1/2
01N000571

第1/2卷　1960年1月–6月
第2/2卷　1960年7月–12月
　　　　　1961年1月–2月 |

图 6-4　报纸题名标板示意图

　　文献前整理时，应确定好文献拍摄的分档信息，分档信息较为复杂，可依据以下规则处理：

　　（1）为使胶卷所包含的报纸资料按规则分开并适于编目，报纸应以年为摄制单元分档拍摄。例如，以 2 卷 / 年、3 卷 / 年，或 1 年 / 卷、2 年 / 卷等为一个摄制单元，各摄制单元间原则上不跨年。

　　（2）如果 1 年量报纸需拍摄在 1 盘以上胶片内时，应以月为最小单位分档拍摄，各盘胶片间不断月，并尽可能均匀分档。

　　（3）如果年报纸量较少，可在一个片卷内拍摄 1 年或若干年的报纸。应以年为最小单位分档拍摄。

　　（4）在下列特殊情况下，为使片卷不至于很零散，应按以下方法分档摄制。创刊年、停刊年、休刊年、复刊年的年报纸量不足 200 版时（例如：12 月 × 日创刊、复刊；1月 × 日停刊），可并入上一摄制单元或下一摄制单元内拍摄。某一年的年报纸量不足 200 版（例如：出版周期不规律，期数很少），可并入上一摄制单元或下一摄制单元内拍摄。

（5）分档应本着节约胶片原则，可适当分为超长卷，但总体不超过 750 拍 / 卷为宜，或可酌情跨年分档。

6.2.1.3　古籍和数转模类题名标板

古籍和数转模类题名标板主要内容有题名、责任者、版本、索书号、分卷内容等，如图 6–5。特别需要注意的是需要在题名后面摘录缺失或现存信息，且分卷内容应保证连续性。分卷内容较多的可另附页面，另附的分卷细目放置在第一盘和最后一盘即可，中间各盘不放置。

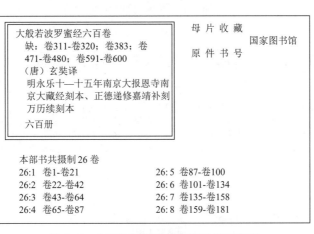

图 6–5　古籍和数转模类题名标板示意图

6.2.2　著录标板

书刊、报纸类文献需要制作著录标板，详细说明文献的相关信息以及本次拍摄的内容信息，如图 6–6，图 6–7。检测时应对照摄制清单、题名标板重点检测题名、责任者、出版发行项、出版年、版本、文献细目等信息。在著录标板内还应检测报纸的期号起止信息、摄制卷数、规格、缩率等，以及各片卷起始信息的准确性。

报纸的多分卷著录标板可在第一盘放置一次即可。

青年戏剧通讯·—重庆：中央青年剧社，1940～1942

19no；27cm.

※　　※　　※　　※　　※

本部书共摄制1盘，16毫米银盐，缩率为1:22,原件藏国家图书馆，国家图书馆摄制，母片藏全国图书馆文献缩微复制中心。

各片卷摄制目录

1　no.8[1941,1,1]-no.9(1941,2,1);no.12(1941,5,1);no.14/15(1941,8,1)-

no16/17(1942,1,1)

图 6-6　期刊类著录标板示意图

经济导报=Economic Herald·— 2000 年 5 月 30 日试刊·—2000 年 6 月 1 日～=no.1 ～·—济南：该报社，2000～

；39cm.

周六报（2000 年 6 月～2001 年 1 月）；周四报（2001年 2 月～2001 年 7 月）；周六报（2001 年 8 月～2001 年 12 月）·—本报前身为《山东经济报》—2000 年 5 月 30 日试刊·— 2000 年 6 月 1 日正式创刊，改名为《经济导报》·—本报创刊时为四开四版。每日版期时有不定，间隔有增减。错号较多·— 本报由大众日报社主办。

※　　※　　※　　※　　※

本报本年度期号为 no.178 ～414，共摄制 4 卷，35 毫米，缩率为 1:14, 山东省图书馆摄制，母片藏全国图书馆文献缩微复制中心。

各片卷摄制目录

1/4 2001 年 1 月 1 日～2001 年 3 月 31 日

（缺：1 月 2 日；1 月 13 日；1 月 20 日。）

2/4 2001 年 4 月 3 日～2001 年 6 月 30 日

3/4 2001 年 7 月 3 日～2001 年 9 月 29 日

（缺：7 月 19 日；9 月 3 日。）

4/4 2001 年 10 月 8 日～2001 年 12 月 31 日

（缺：第 341 期。）

图 6-7　报纸类著录标板示意图

6.2.3　分割标板

拍摄报纸和期刊文献时，因连续出版物的一个拍摄单元内影像画幅较多，一般为满卷状态，拍数为 650 拍或 1200 拍，为便于检索内容，需在适当的位置放置分割标板。分割标板上的字符应能直视看清，期刊胶片的分割标板包含该分档区间内文献的卷期和年份信息，而报纸胶片根据编卷时是否跨年，一般有月份、年份、年份和月份三种情况。

6.2.3.1 报纸分割标板

报纸的分割标板为预制数字卡片，拍摄时摆放正确即可，也可自制。报纸拍摄时根据每盘分档内容的范围有 3 种分割标板表示方式：

（1）当一个片卷内拍摄 1 年以内（含 1 年）的报纸时，报纸的出版年体现在胶片标板上，分割标板上只注明［××月］，见图 6-8（a）；

（2）当一个片卷内拍摄 1 年以上 2 年以内（含 2 年）的报纸时，在月与月之间拍摄分割标板，标板上应注明［××××年×月］，见图 6-8（b）；

（3）当一个片卷内拍摄 2 年以上（不含 2 年）的报纸时，在年与年之间拍摄分割标板，标板上应注明［××××年］，见图 6-8（c）。

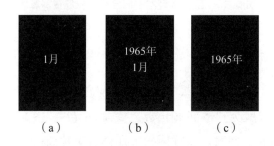

| （a） | （b） | （c） |

图 6-8 报纸文献分割标板示意图

6.2.3.2 期刊分割标板

期刊的分割标板应在标板上摘录标识下一拍摄片段的年卷期信息，简略摘录起止信息即可，如图 6-9。检测时，重点查看期刊的分割标板放置位置是否正确，以及标板上摘录信息的准确性，未放置分割标板或放置位置错误以及摘录信息错误均需补拍。在合订本中间放置的分割标板时，应注意拍摄时分割标板前后页面的遮挡，以便使分割标板前后的内容严格划分为不同的部分，如图 6-10。

1939年

第1卷第2-4期

图 6-9 期刊文献分割标板示意图

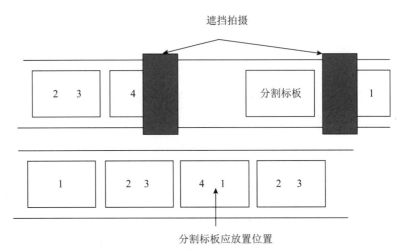

图 6-10　期刊合订本中间分割标板放置示意图

6.2.4　接续标板

接续标板是对古籍、数转模等文献有承前启后作用的标板，用以说明片卷的接上或转下，一般为"本部书开始""续后片卷""接前片卷""本部书完"等形式，如图 6-11。同时，接续标板上还标有本片卷的卷次起止信息，在检测时应注意信息是否正确，以及与题名标板内的分卷细目信息是否一致。

图 6-11　古籍和数转模文献接续标板示意图

6.2.5 缺失标板

古籍和报纸文献内容缺失时，应制作和放置缺失标板。

6.2.5.1 古籍缺失标板

拍摄古籍时，一般在缺失页面的前一页且靠近缺失页面的一侧页边放置缺失条，应保持页码的连续性，并注明缺页页码，而非随意在前一页随便哪一侧页边放置。如图 6-12，缺失第 5 叶，可在第 4 叶的页边放置缺失条。

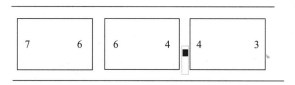

图 6-12 古籍缺失条放置示意图

6.2.5.2 报纸缺失标板

拍摄报纸时，应放置包含缺失信息的缺失标板，缺失信息应摘录准确、详细。在缺失信息较多时，可集中放置缺失标板，如在每月第一次出现缺失的地方集中放置缺失标板，后续该月的缺失处则无需放置，如图 6-13。报纸缺失标板放置规则如下：

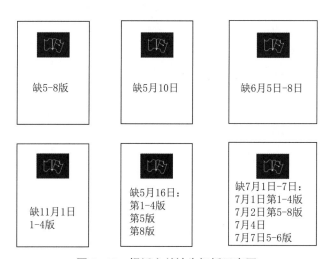

图 6-13 报纸文献缺失标板示意图

（1）版缺失注明［缺第 × 版］；日缺失注明［缺 × 月 × 日］；段缺失注

明［缺 × 月 × 日至 × 月 × 日］。

（2）在一天的报纸中多版断续缺失时，在缺失日的第 1 个缺失位置拍摄缺失标板。缺失内容词条上注明［× 月 × 日缺失：（下列缺版细目）］。

（3）在一段日期的报纸中多处断续缺失时，视报纸版数的多少和缺失情况，以一周、半个月或一个月为一段，在段内的第 1 个缺失位置拍摄缺失标板。缺失内容词条上注明［× 月 × 日至 × 月 × 日缺失：（下列缺失细目）］。

6.2.6　摄制完标板

在拍摄报纸文献时，若一种报纸从创刊到停刊全部拍摄完毕，应在最后一盘的片尾拍摄摄制完标板，摄制完标板放置在片尾题名标板后即可，如图 6-14。

本报
摄制完

图 6-14　报纸摄制完标板示意图

6.3　测试标板

6.3.1　传统拍摄技术标板

技术标板已在解像力部分详细阐述。目前，常用的技术标板有 5 块，分别是书刊使用的 15 倍和 20 倍标板，古籍使用的 10 倍标板，以及报纸使用的 14 倍（如图 6-15）和 19 倍标板，其差别为标板中的缩率字符和外径尺寸不同，其他均一致。

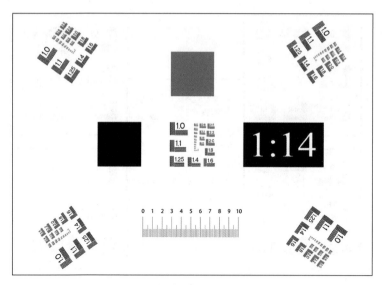

图 6-15 传统拍摄技术标板示意图

6.3.2 数转模拍摄灰度和解像力标板

数转模文献中技术标板分为两块：灰度标板（见图 6-16）和解像力标板（见图 6-17）。数转模的灰度标板由 26 块灰度块组成，分别是 0—250 色阶灰度块，检测时以 250 灰度块密度为灰板密度。数转模的解像力标板与传统拍摄的技术标板类似，但只在中心及四周有 5 块测试图。

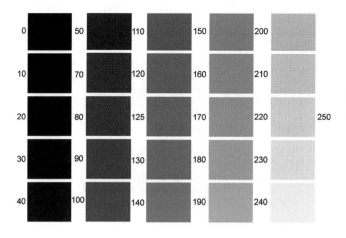

图 6-16 数转模文献灰度标板示意图

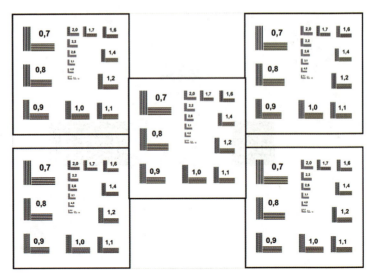

图 6-17　数转模解像力标板示意图

6.3.3　色卡标板

彩色拍摄时应在片头拍摄彩色标志标板和色卡标板，彩色标志标板即 ISO 7000 中编号 0488 的图形符号。色卡标板上有 2 个色卡尺，并带有缩率尺，上方的色卡尺有 17 阶彩色色块，下方色卡尺有 20 阶黑白色块，如图 6-18。在质检时应将胶片中的色卡和标准色卡进行比对，判定色彩的饱和度和可分辨度。

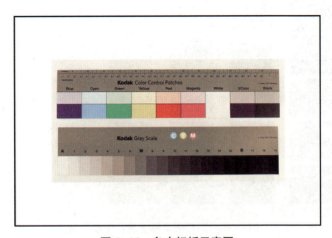

图 6-18　色卡标板示意图

6.4 标板顺序

各类文献的标板排列顺序、标板种类略有不同，且在拍摄的分卷或丛书类文献时也存在差异，但总体上有特定的标准和要求，以下是几种文献标板排列顺序的基本样式，可在实际拍摄中具体应用。

6.4.1 图书文献标板顺序

图书文献的标板顺序是最基础的顺序，如图6-19，其他文献与其略有差别，但差别不大，除报纸文献外，其余文献在片头尾均预留1拍空拍方便接片。

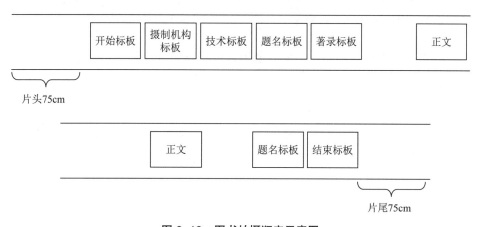

图 6-19 图书拍摄顺序示意图

6.4.2 期刊文献标板顺序

与图书标板顺序相比，期刊的著录标板前置，且技术标板在题名标板后拍摄，然后是分割标板和相关正文，如图6-20。

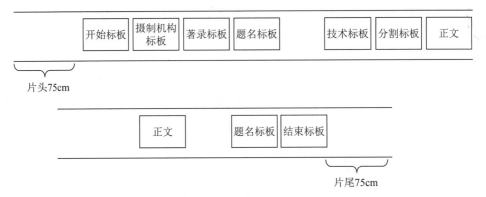

图 6-20　期刊文献拍摄顺序示意图

6.4.3　报纸文献标板顺序

报纸标板的顺序与期刊类似，也为著录标板置前，但技术标板不后置，如图 6-21。

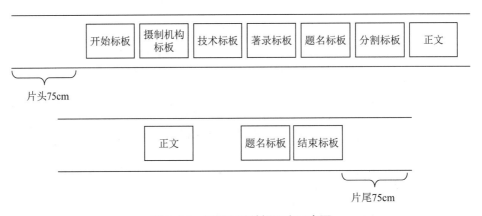

图 6-21　报纸文献拍摄顺序示意图

6.4.4　古籍标板顺序

与图书标板相比，传统拍摄的古籍无著录标板，却有接续标板，并在结尾也添加接续标板而为 3 块标板。基于古籍善本文献的价值，宜采用低缩率、宽胶片拍摄，其标板顺序如图 6-22：

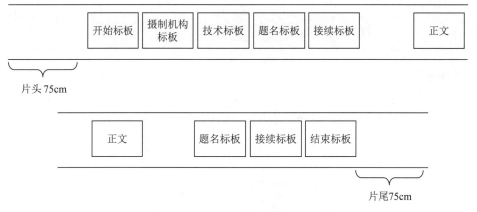

图6-22　善本古籍拍摄顺序示意图

6.4.5　数转模文献标板顺序

数转模文献的标板片头有6块，技术标板和灰度标板分开，其他标板与古籍文献类似，图6-23。

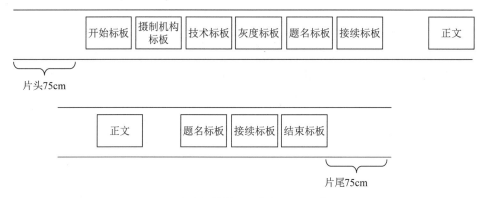

图6-23　数转模文献标板顺序示意图

6.4.6　彩色古籍标板顺序

彩色古籍标板顺序与普通古籍文献标板顺序样式基本一致，但添加有两块彩色标志标板和色卡标板，图6-24。

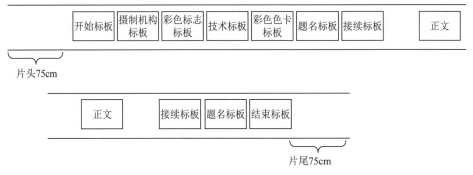

图 6-24 彩色古籍文献标板顺序示意图

6.5 缩率

缩率是缩小比率的简称，是指记录在缩微品上的缩微影像尺寸与相应原件尺寸或COM记录器书写栅格尺寸的比例关系[①]，其值为两者线性长度之比，记为R：

$$R = \frac{IL}{OL} = \frac{1}{M} \qquad 公式 6-1$$

其中 R 为缩率，IL 为原件或缩率尺线段长度，OL 为与原件或缩率尺线段长度相对应的影像长度，M 为缩小倍数，缩率用比率或分数表示，如 1：24 或 1/24；缩小倍数以 "24×" 表示，指缩微影像为原件的 1/24。

6.5.1 传统拍摄缩率

在检测传统拍摄缩微影像时，一是要检测拍摄时是否放置缩率尺，如图 6-25；二是检测拍摄缩率是否恰当，检测时图像不应超出影像区，一般为影像不超出胶片的边缘。以 35mm 平台式缩微拍照机为例，画幅全幅为 32mm×45mm，则影像区最大不应超过 30.4mm×41.0mm，在胶片边缘留有一定距离及画幅之间预设一定的间隔。

---

① 全国文献影像技术标准化技术委员会第七分委员会. 缩微摄影技术 词汇 第1部分：一般术语：GB/T 6159.1—2014［S］.北京：中华人民共和国国家质量监督检验检疫总局,2014.

图 6-25 传统拍摄缩率尺放置样例示意图

在缩微拍摄过程中，采用的缩率为名义缩率，实际拍摄时允许一定的误差范围，称为允许值，如表 6-2。在使用 16mm 胶片拍摄书刊时，采用的缩率可参考表 6-3，使用不同胶片规格拍摄不同类型文献可根据公式 6-1 计算实际使用的缩率。

表 6-2 缩率的名义值和允许值

名义值	1：7.5	1：10.5	1：15	1：21	1：30
允许值	1：7.5	1：10.5—1：10.9	1：14.8—1：15.2	1：21—1：21.8	1：29.7—1：30.9

表 6-3 拍摄缩率与传统拍摄书刊尺寸对照表

缩率	1：8	1：9	1：10	1：11	1：12	1：13	1：14
原件高度	9cm	10.5cm	12cm	13.5 cm	15 cm	16.5 cm	18 cm
缩率	1：15	1：16	1：17	1：18	1：19	1：20	1：21
原件高度	19.5cm	21 cm	22.5cm	24 cm	25.5 cm	270cm	28.5 cm

在计算拍摄缩率时，应注意以下几点：

（1）影像区应充满画幅，即在充满画幅时使用的缩率是最小的；

（2）原件的长（短）边与画幅的长（短）边对应；

（3）计算的结果如出现小数，一律进位取整数值；

（4）长短边计算缩率不一致时，取最大数值为最小拍摄缩率。

拍摄报纸文献时，因报纸的尺寸一般比较固定，因此选用 2 套技术标板，即 14 倍和 19 倍，技术标板上的缩率即正文拍摄缩率，在报纸第一版不放置缩率尺。但遇到非常见画幅大小时，采用非标板缩率拍摄正文时需要在变缩率处放置缩率尺，包括改变缩率及变回原缩率。

传统拍摄中，图书和期刊根据文献尺寸换算拍摄缩率，并使用 15 倍和 20 倍技术标板拍摄，因此拍摄时需要在封面处放置缩率尺，缩率尺的刻度应对应书口位置。遇到超大画幅图表时采用分幅拍摄的方式，一般不变缩率拍摄。分幅拍摄应采用从左到右、从上到下的拍摄顺序，如图 6-26；对于竖排版页面，则应当采用从上到下，从右到左的顺序拍摄，如图 6-27，拍摄顺序采用"正确阅读"[①]的顺序拍摄即可；相邻部分应至少重叠 25mm[②]，如图 6-28。

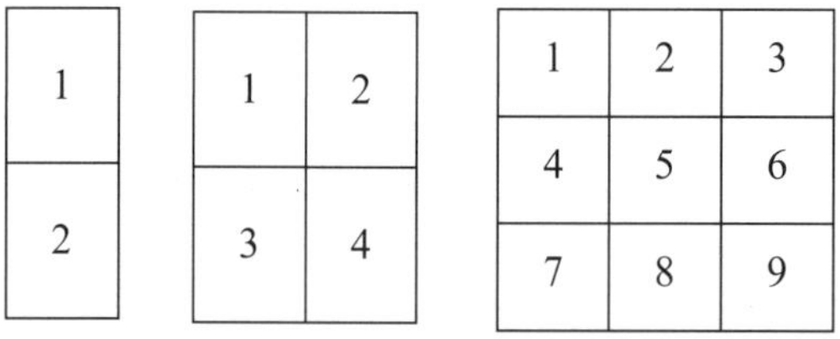

图 6-26　横排版页面分幅拍摄顺序示意图

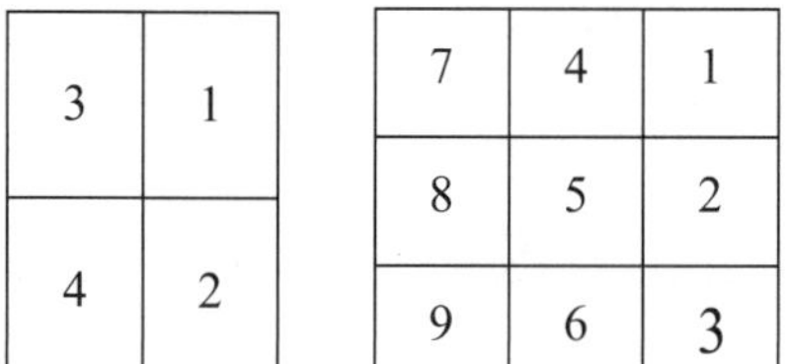

图 6-27　竖排版页面分幅拍摄顺序示意图

---

① 李铭.关于术语"right reading"译名的再思考［J］.数字与缩微影像,2022（4）:1-4.

② 国家图书馆全国图书馆文献缩微复制中心,全国文献影像技术标准化技术委员会第四分技术委员会.缩微摄影技术　期刊的缩微拍摄　操作程序:GB/T 19730—2005［S］.北京:中华人民共和国国家质量监督检验检疫总局,2005.

图 6-28 分幅拍摄重叠部分示意图

拍摄缩率超出拍照机最大缩小比率时，可通过调整镜头画幅宽度改变可容纳的最大画幅，但一般不采用该方式，且采用该方式拍摄后需要将镜头及时调整回原状态。

在实际拍摄过程中，缩率的选择非常重要，拍摄时缩小倍率越大，胶片所能拍摄的文献数量也就越多，但是缩微影像的清晰度会随之降低，严重时会影响使用，因此缩率大小的选择要适当。

6.5.2 数转模文献缩率

数转模文献一般不检测其缩率是否合适，因为数字存档机的工作原理是采用非固定缩率拍摄，即图像高度充满画幅，长度等比例调整，拍摄缩率为原始图像高度和胶片存储影像的最大高度之比[①]，如图 6-29 下方的信息，在编制工程文件时应点选"show meta data"选项，以备后续图像还原。从图 6-29 可以看出该影像对应的文件夹号为 SZJP01412，文件号为 10003110，图像原始尺寸为 329.35mm×291.25mm，缩率为 10.12。在拍摄民国时期图书、期刊数转模时，在著录标板中统一摘录缩率为 1：10，但实际缩率以胶片上打印的缩率为准。图 6-30 中该叶图像的缩小比率为 10.59。

① 李晓明.全国图书馆文献缩微复制中心数转模加工标准与操作指南［M］.国家图书馆出版社,2017.

序号	文件夹号-文件号	分图号	图像原始尺寸	缩小比率
10	SZJP01412-10003110.tif	1/1	Original Size:329.35×291.25mm	Reduction Ratio 10.12

图 6-29　数转模原始图像信息示意图

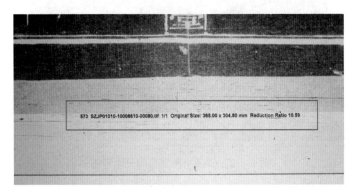

573 SZJP01010-10008610-00080.tif 1/1 Original Size: 365.00 x 304.80 mm Reduction Ratio 10.59

图 6-30　数转模原始信息样图

数转模文献实质上仍需要提前核定每种或每批文献的图像尺寸,以便可换算出每卷胶片的最大容量,而非如传统拍摄那样每卷拍数是定量。可依据数转模的非固定缩率拍摄思想进行自动化编组卷,有研究已对数转模自动化组卷提供了方案[①],试验表明能够节省 15% 左右的胶片资源。

---

① 樊向伟.关于国家图书馆文献缩微复制中心数转模工作智能化改进的思考[J].数字与缩微影像,2022(4):14-19.

7 密度检测

在摄影技术中，密度是光学密度的简称。ISO 19262：2015[①]将密度定义为"光学密度，光的吸收、反射或散射特性，表示为入射辐射通量与透射、反射或散射通量之比的底数为 10 的对数"。在缩微技术中，光吸收型胶片（如银盐片）的影像密度为标准漫透射视觉密度[②]。在黑白银盐胶片中，胶片经曝光、显影和定影之后的变黑程度与胶片密度直接相关，胶片单位面积上含银量越多，影像越黑，胶片的透光能力越差，密度也越大；反之，密度越小。以胶片的入射通光量为 F_0，透射通光量为 F_T，则胶片的透光率 T 为 F_T 与 F_0 的比值，记作：

$$T = \frac{F_T}{F_0} \qquad\qquad 公式\ 7\text{-}1$$

阻光率 O 为 F_0 与 F_T 的比值，记作：

$$O = \frac{F_0}{F_T} = \frac{1}{T} \qquad\qquad 公式\ 7\text{-}2$$

漫透射视觉密度为 D，记作：

$$D = \lg(\frac{F_0}{F_T}) = \lg(\frac{1}{T}) = \lg O \qquad\qquad 公式\ 7\text{-}3$$

缩微胶片的密度检测中，除影像密度 D 外，对银盐胶片乳剂层未曝光部

---

① ISO/TC 42. Photography—Archiving Systems—Vocabulary：ISO 19262：2015［S］. Geneva Switzerland：ISO，2015.

② 全国文献影像技术标准化技术委员会一分会. 缩微摄影技术 源文件第一代银–明胶型缩微品密度规范与测量方法：GB/T 6160—2003［S］. 北京：中华人民共和国国家质量监督检验检疫总局，2003.

分经显影后产生的由微量银颗粒形成的密度的测量也至关重要，该密度称为灰雾度（灰雾密度），记作 D_0。在实际的测量中，未曝光胶片处的密度值应为胶片的灰雾度和片基密度之和，是为胶片的最小密度，记作 D_{min}。在缩微拍摄过程中，要求胶片的灰雾度越小越好。灰雾度越大，胶片的影像反差会减小，从而影响胶片的解像力和清晰度。

$$D_{min} = D_{片基} + D_0 \qquad 公式 7\text{-}4$$

GB/T 6160—2003 规定了第一代银–明胶型负像缩微品的密度值控制范围及漫透射视觉密度的测试方法，在 GB/T 17292—2008 对第一代银–明胶型缩微品的质量要求进行了系统要求，并对密度差做了进一步限制。根据文献类型的不同，其胶片密度略有差异，但总体上密度检测的方法基本一致。

密度检测是在第一次绕片过程中进行，需要对胶片从头到尾逐拍检测密度值，检测时乳剂面朝上，防止胶片掉落检片台造成胶片划伤（如图 7-1），走片过程中佩戴白色手套并手持胶片边缘稳定胶片（如图 7-2）。

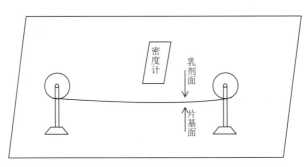

图 7-1　缩微胶片在检片台上缠绕及放置示意图

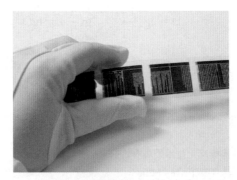

图 7-2　缩微胶片质检过程中手持胶片边缘示意图

7.1　密度要求

缩微原底片的密度受到原件、缩微设备、胶片耗材和冲洗药液及制作工序（拍摄、冲洗等）的影响，密度大小关系到缩微影像的反差、清晰度，并对后续的拷贝、放大复印和阅读产生影响。因此，缩微原底片的密度是缩微影像质量的重要指标，对其的检测必须严格要求。缩微影像的密度分为背景和线条两部分：背景黑暗、线条字符明亮的影像为"负像"；背景明亮、线条字符黑暗的影像为"正像"。不同类型文献的胶片对这两部分的密度要求略有不同，胶片密度的检测项目主要有片基加灰雾密度、影像背景密度、灰板密度、标板密度等。

7.1.1　片基加灰雾密度

GB/T 6160—2003 中规定非着色片基缩微品的片基加灰雾密度不应高于0.1。该密度值太大时，会导致阅读器屏幕上影像亮度和字符反差的降低，及在拷贝和放大复印时需要增加曝光量，严重时，影响拷贝和放大复印效果。

胶片边缘未曝光区域密度如果高于本盘胶片片基加灰雾密度，则认为该盘胶片产生了边缘灰雾。缩微品画幅区严禁出现边缘灰雾。

7.1.2　灰板密度

灰板密度是技术标板上 6% 和 50% 灰板的密度，为使 ISO 2 号测试图空间频率读数达到最佳，需要控制灰板密度在适当范围[①]，见表7-1。不同文献缩微胶片的灰板密度略微不同，但均应选取灰板方框的中心位置为测量点，灰板密度在正常范围内再进行解像力检查。

[①]　孙跃军.缩微胶片解像力检测及实施方法［J］.数字与缩微影像,2009（3）:16–17.

表 7-1 各类文献灰板密度值表

文献类型	50% 灰板密度	6% 灰板密度
书刊	0.90—1.10	—
报纸	1.00—1.20	—
古籍善本	1.00—1.20	—
数转模	1.20—1.40[1]	—
彩色胶片	—	1.30—1.50[2]

注：[1] 数转模文献灰板密度为 250 色阶块的密度，其值与胶片解像力的关系程度不强，在标板密度正常范围内监测灰板密度即可。

[2] 彩色胶片为负像胶片，灰板密度为检测 6% 灰板。

7.1.3 标板密度

各类文献的标板为白色基板上放置各类字符，其密度应控制在一定范围内，使影像画幅美观并易于辨识，见表 7-2。

表 7-2 各类文献胶片标板密度表

文献类型	开始、结束、摄制机构	题名标板	著录标板	分割标板	接续标板
书刊	1.30—1.50	0.80—1.20	0.80—1.20	—	—
报纸	1.20—1.60	1.20—1.60	0.80—1.20	≤ 0.1	—
古籍善本	1.30—1.50	1.30—1.50	—	—	1.30—1.50
数转模	1.30—1.50	1.30—1.50	—	—	1.30—1.50
彩色胶片	≤ 0.2	≤ 0.2	—	—	≤ 0.2

7.1.4 影像背景密度

缩微胶片的影像中包含背景和文字线条，不同代系的胶片其明暗变化不一，如缩微原底片为黑底白字。由于缩微胶片上的文字影像线条非常细，难以用一般密度计精确测量，而背景部分则有较大的测量区域，因此，通常以胶片的背景密度进行密度管理和质量控制。在胶片的片基加灰雾密度得到有效控制的前提下，只要背景密度控制得当，文字部分的密度及与背景的反差也能得到有效控制。

缩微影像背景密度的摄制效果受原件质量的影响，且根据原件质量的不同，背景密度范围要求也不同。表 7-3 是不同质量原件的推荐背景密度分级表，表中显示，缩微影像背景密度与原件的质量呈正相关性，高质量、高反差原件的缩微影像背景密度比低反差原件要高。质量好的原件，其影像背景密度的高低对阅读和放大复印影响不大，影像背景密度也可以适当高一些以提高影像反差。而反差低、质量差的原件，应降低缩微影像背景密度值要求，否则线条、文字部分密度也会升高，使缩微影像的反差降低，严重时会影响其拷贝、阅读和放大复印的质量。

表 7-3　不同质量原件缩微品的推荐背景密度分级表

文件类别	文件主要特征	背景密度
1	具有形状完好的浓黑字符和线条的、有效反差大的高质量文件	1.00—1.50
2	细线条的第一类文件，或者线条密度较低，具有中等有效反差的文件	0.90—1.10
3	有效反差小的文件	0.80—1.00[1]
4	有效反差甚小的文件	0.70—0.85[2]

资料来源：全国文献影像技术标准化技术委员会一分会. 缩微摄影技术　源文件第一代银－明胶型缩微品密度规范与测量方法：GB/T 6160—2003［S］. 北京：中华人民共和国国家质量监督检验检疫总局，2003.

注：［1］［2］建议使用 1 : 24 或更低的缩率拍摄。

在实际工作中，表 7-3 中推荐的部分背景密度偏高。对汉字来说，其笔画多、笔道细、字形复杂，尤其是一些古旧书刊和古籍中的繁体字，再加之原件质量特别差，密度过高会降低这些文献影像的反差。因此对其缩微影像背景密度的要求应更加严格。表 7-4 是缩微中心根据各类文献而制定的详细的正文影像密度要求。

表7-4　各类文献缩微原底片影像密度值表

文献类型	优质密度	可用密度[1]	备注
书刊	0.80 — 1.20	± 0.1	
	0.70 — 1.10		纸质差、低反差、透字严重、油墨浅原件
报纸	0.80 — 1.20	± 0.05[2]	纸质差、笔道细、油墨浅原件
	1.00 — 1.40		纸质好、油墨深原件
古籍善本	0.90 — 1.20	± 0.1	
数转模	0.80 — 1.20 0.90 — 1.30		不区分优质与合格，注意密度差即可
彩色胶片[3]	≤ 0.2	≤ 0.22	

资料来源：本表来自全国图书馆文献缩微复制中心《缩微品制作标准汇编》。

注：[1] 如无特殊说明，可用品胶片的密度以胶片的优质密度为基准，并且一卷片内密度差不得超过0.4。

[2] 在一卷片内报纸颜色变化复杂密度差允许0.5，且不影响质量等级。

[3] 彩色胶片同一画幅内背景密度差不超过0.05。

GB/T 16537—2008对影像密度的描述是，"尽管密度低于0.8时，可能引起扫描解像力降低，通常扫描用缩微胶片上影像的密度应当在其允许范围的低值端"，GB/T 6160—2003中也提到，"当原件的质量不同时，背景密度值一般按最低质量的原件控制"，这是缩微胶片的低密度控制观念。针对该观念，郝莹等① 也进行了详细的论述和考证。因此，在同一盘缩微胶片中拍摄不同质量的原件时，背景密度应按最低质量原件的要求进行控制，以保证质量好与质量差原件都能获得较高质量的缩微影像和便于拷贝及放大复印作业。质检人员应该根据原件质量和密度检测要求，综合判断缩微胶片的密度质量，两部分影像密度差距较大时，允许低密度胶片通过，而高密度胶片则不合格，需要补拍，以避免整盘影像密度出现较大偏差，并且检测时以文字信息的清晰程度和质量为主要验收依据。

缩微胶片背景密度应选择在被摄原件缩微胶片影像区内，不含字迹、线

---

① 郝莹,李铭.技术图样缩微摄影密度控制指标探究［J］.数字与缩微影像,2022（2）:4-8.

条、图形、皱折阴影的区域内测量，被测区域应大于密度计探测孔的直径 ①。

7.1.5　影像背景密度差

GB/T 6160—2003 中对密度差的要求是，"同一盘（张）缩微品影像背景密度差宜尽量的小，当拍摄一组非常均匀的高质量文件时，其缩微影像内背景密度变化的最大范围应保持在 0.20 以内"。GB/T 17292—2008 中对同画幅缩微影像背景密度有明细差异的密度差要求为：应选择背景密度最高与最低区域进行检测比较，且密度差不应大于 0.40。

同一盘缩微胶片中影像背景密度应均匀一致，密度差应尽量小，以便于拷贝和放大复印以及确保拷贝片影像的质量。一般缩微拷贝用胶片的反差系数（γ 值）都比较大（2 至 3），且拷贝片影像的反差大于母片。如果母片影像背景密度差很大，拷贝片的影像反差就会更大，结果会使得母片上的较浅层次或较深层次在拷贝片上消失，从而丢失部分信息，影响拷贝片影像质量。母片影像背景密度差较大时，可采用调节拷贝机曝光条件的办法解决，但是会增加拷贝操作的难度，一般不建议如此操作。

根据上述有关同盘或同画幅影像密度差的要求，对于原件色差较大、无法通过一次综合曝光拍摄达到密度差要求的页面，需要采用"变光拍摄"。综合曝光是对原件有反差的两部分页面分别测光，并取中间值进行曝光，这样可以使两部分的背景密度差小于 0.40。检测综合曝光画幅影像时，应结合目视观测和密度计检测，选择背景密度适中的位置，避免选择密度最高或最低的部位。

变光拍摄则是针对古籍文献和年代久远的书刊资料等页面出现纸张变黄、大面积污迹、水迹、修补遗留的痕迹、书页新旧组合等复杂情况，无法采用综合曝光达到密度要求，需要对原件高低反差部分分别进行曝光拍摄的方法。在检测变光拍摄画幅密度时，应对两个变光的画幅分别测量，各部分的密度要求和密度差均需符合标准要求。

---

① 　全国文献影像技术标准化技术委员会七分会. 缩微摄影技术　第一代银–明胶型缩微品的质量要求：GB/T 17292—2008［S］. 北京：中华人民共和国国家质量监督检验检疫总局，2008.

7.2 密度检测方法

测量缩微胶片密度值应使用规范的密度计，密度计应符合 GB/T 11500—2008 和 GB/T 11501—2008 的要求，适用于测量标准漫透射视觉密度，并具有 0.5mm—3.0mm[①] 的取样孔径。实践表明具有 0.5mm—0.1mm 孔径的密度计更适宜工作，孔径过大则无法避免光线宽度大过文字线条间隙。对每盘原底片进行密度检测时，应注意以下几点：

7.2.1 片基加灰雾密度

检测一盘胶片的片首、片尾和中部透明部位的密度作为本盘胶片的片基加灰雾密度，这 3 个部位测出的密度值应基本一致。还应注意检测胶片中部是否产生边缘灰雾。

7.2.2 灰板密度

灰板密度以灰板影像的中心位置为测点，在正常曝光、冲洗条件下每盘胶片的测点密度不应出现较大变化。如有少量胶片因曝光误差和冲洗条件变化，密度值略超过控制值时，只要不影响胶片解像力检测的准确性，该密度偏差可不作为质量缺陷处理。可以通过定期测量标准灰板的密度对密度计进行监测，防止密度计测量失真，如有问题应及时调试。

7.2.3 标板密度

选择标板影像四角与中心进行检测比较，标板作为色差较小的页面，其密度差不应大于 0.2。当标板密度差较大时应检测拍摄机四角光照的强度，或者数转模拍摄机反射屏幕的性能。

---

① 全国文献影像技术标准化技术委员会一分会. 缩微摄影技术　源文件第一代银-明胶型缩微品密度规范与测量方法:GB/T 6160—2003 [S]. 北京:中华人民共和国国家质量监督检验检疫总局,2003.

7.2.4　影像背景密度

7.2.4.1　检测画幅的选择

在检测胶片正文影像背景密度时，应先采用目视观察的方法确定待检胶片一段影像区间内的密度是否均匀。对于原件质量好、色差小的影像可减少测量画幅数量，而对密度深浅不一的应增加测量画幅数量，并且增加画幅内测量点。选被测画幅时应注意以下几点：

（1）在一盘胶片中，拍摄质量基本相同且质量较好的原件时，可从胶片的片首、片尾正文影像画幅和胶片中部任选几个影像画幅，测量影像背景密度。

（2）以密度差和低密度控制观念作为全盘胶片影像背景密度控制依据。选择胶片中页面较次（即影像背景密度复杂）且数量较多的影像画幅作为影像背景密度测量的画幅，以这些画幅的影像背景密度作为密度控制范围的基准密度值。选择胶片中影像背景密度值比基准密度值更低的画幅和影像背景密度偏高的画幅，作为检测本盘胶片密度变化范围的被检测画幅。

（3）在一盘胶片中，密度偏高和偏低影像的背景密度差不得超过0.4，否则视为不合格或降低质量等级使用。深色纸张浅色字迹、特殊载体原件的影像不宜作为检测比较画幅。对于反差正常、质量较好的原件，其影像背景密度差应小于0.20。

（4）检测频率一般以相隔两米左右检测一个基准密度或偏高、偏低密度画幅，必要时可增加或减少检测画幅的数量。

7.2.4.2　检测点的选择

在同一画幅的影像背景密度基本一致的区域中，选择2—3检测点进行密度检测，以平均值作为该幅影像的背景密度。每个测量区宜具有均匀的密度，且完全覆盖密度计的取样孔，光孔不应覆盖到笔画线条上。测量密度时，胶片乳剂面应朝向密度计的集光头。如果同一画幅的影像背景密度不均匀，则应增加区域进行多点采样。对于较小的影像（如16mm胶片半幅拍摄的影像和彩色、图片原件拍摄的影像），选择检测点的难度较大，可凭经验用目视观测密度，再结合页面附近可测影像的密度对比其密度是否变化较大，变化不大的可略过检测，有明显变化的应判断是否达到需补拍的标准。

8 外观检测

胶片在经过密度检查的第一次绕片后，片尾在最外侧，为使胶片可以安装在阅读器上进行后续的逐拍检查，需要将胶片片头缠绕在最外侧，同时将胶片乳剂面朝外缠绕，如图8-1。在缠绕胶片的过程中，需要对胶片的外观进行检查，包括水渍、药渍、指纹印痕、划伤、异物等。缩微胶片的外观应无划痕、指纹、斑迹及变形等任何有碍于缩微胶片保存及阅读的缺陷[①]。缩微胶片的外观问题可能是生产及流通胶片的任何环节所导致，包括生片的质量及保存环境、缩微胶片的拍摄和冲洗环节，甚至在检测环节的操作差错也会导致胶片外观的异样。

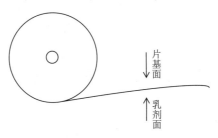

图8-1 外观检测后胶片状态示意图

在检测胶片外观时，质检人员可在检片台上铺一块黑丝绒布，手持胶片边缘并倾斜胶片，使上方检片灯照射到胶片上的光线呈反射效果。胶片片基面较光滑，光线经反射后会产生偏振，表现为一片亮斑，而乳剂面沉积有银颗粒，偏振效果减弱，亮斑表现不明显[②]。该方法可以检测水渍、药渍、污迹、划伤等较明显的外观问题，对于细微的外观问题，可以配合适当倍率的放大

---

① 全国文献影像技术标准化技术委员会一分会. 缩微摄影技术　银－明胶型缩微品的冲洗与保存:GB/T 15737—2014 [S]. 北京:中华人民共和国国家质量监督检验检疫总局,2014.

② 寇印才,李铭. 缩微胶片划伤辨析[J]. 数字与缩微影像,2009(1):39-41.

镜进行检测。

8.1 水渍

水渍是在干燥过程中，胶片乳剂膜上粘有水珠处，较其他处干燥速度慢，使整个乳剂膜收缩不均匀，引起明胶层变形而形成的斑点，如图 8-2，主要是由冲洗环节故障引起的。水渍经水洗等技术处理后消除的，可以通过检测，而乳剂面的水渍经处理后损伤乳剂面的，或效果不佳且影响胶片长期保存的应补拍处理。

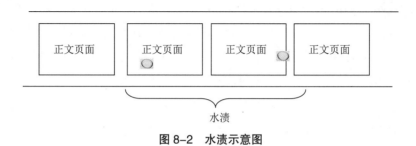

图 8-2 水渍示意图

8.2 药渍

药渍是指冲洗后的胶片乳剂面上有不同颜色的斑迹，一般为黄色或棕色，其形状各异。药渍的成因主要是由于显、定影液疲劳，药液污染或水洗不彻底，乳剂层内的硫代硫酸根和银的络盐含量过大造成的。胶片在长期保存中，未洗净的硫代硫酸钠与空气中二氧化碳及水作用后生成棕黄色的硫化银而污染胶片，甚至造成影像褪色。因此，冲洗胶片一定要使用新鲜药液，且冲洗过程中要随时注意补充药液或控制冲片数量。对产生药渍的胶片应查明原因，并采用水洗等技术处理，不能消除的应补拍处理。

8.3 污迹

污迹是冲洗后的胶片出现的有色斑点、黑色斑块、片基发灰等现象。胶片产生污迹的原因主要有：显影液氧化过度而产生的杂质或沉淀，在显影过程中附着在胶片上；冲洗量过大，药液中形成金属银凝聚的团块，附着在胶片上；水质不好，水中较细的泥沙附着在胶片上。对于出现污迹的胶片应查明原因，使用水洗等技术处理方法，不能消除的应补拍处理。

因水渍、药渍、污迹等造成胶片局部或整卷粘连的，且水洗不能处理的，应补拍。

8.4 指纹印痕

指纹印痕是指在缩微胶片上有看得清的手指纹，如图 8-3。通常类型有：用手指触摸生胶片乳剂面，胶片显影后有黑指纹；用粘有定影液的手指触摸生胶片，胶片冲洗后有白指印；手指上有汗渍、油脂接触到胶片，在胶片上出现明显的指印。胶片上的指纹应及时清除，否则在保存条件不佳时，指纹处容易生霉。胶片的片头尾和空白片处有少量指纹印痕可以通过检测，但指纹印痕在影像画面上的，无论是否有文字均需补拍处理。清除指纹可用特制胶片清洁液或酒精轻轻擦除。

图 8-3 指纹示意图

8.5 划伤

胶片划伤的原因很多，可根据胶片乳剂面划伤的颜色、状况进行区分。一般来说，乳剂面伤痕呈黑色，是产生在显影之前或显影过程中；而伤痕呈白色

则产生在显影之后 [①]。产生胶片划伤的具体部位可采用以下方法判断：

判断白色划伤成因时，需要准备一段已在室光下曝过光且具有足够长度的胶片；判断黑色划伤产生的原因时，则要选取一段未曝光的胶片。首先，按正常操作程序冲洗，待胶片片头出现在冲洗机收片口时，停止冲洗机运行。接着，用剪刀在各冲洗架的交界处剪断胶片，取出冲洗架，每个冲洗架上的胶片也剪为两段（从胶片转向处的前方剪断）。之后，用手转动冲洗架传动齿轮使胶片退出，记住取出胶片的部位。最后，在灯下用透射光检查各段胶片，发现胶片有划伤的前方导向或转向部位即是产生胶片划伤处，产生划伤的部位应在此处及其以后部分寻找。

胶片的片头尾及空白片处有轻微划伤则给予通过，正文影像的片基面上有轻微且不影响拷贝的划伤也可给予通过；乳剂面的划伤或脱落无论大小均需补拍，影像画幅上有黑色划痕或者片头尾有严重黑色划痕需要补拍。

8.6 曝光

曝光有两种比较常见的类型：

一是胶片跑光，即胶片边缘有较长的黑色影像线条，如图 8-4。胶片跑光的原因主要有：①摄影机问题。暗盒与摄影机的暗箱连接处有缝隙，造成条形闪光；快门关闭迟钝或不严，光线透过镜头照射到胶片上。②操作问题。在明室装卸胶片时，沿片盘内壁与胶片之间有缝隙，造成胶片边缘闪光，形成"黑边现象"。

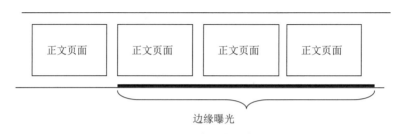

图 8-4　边缘曝光示意图

---

① 肖建萍. 关于缩微胶片划伤的判定［J］. 数字与缩微影像, 2008（2）:28.

二是曝光不足或曝光过度，如图 8-5，此时显影条件处于正常状态，影像密度的突然增大或降低。曝光不足是缩微影像密度偏低，原件墨迹浅的文字细部影像不清楚或消失。曝光过度是缩微影像密度偏高，出现原件背透现象。影像密度突然增大或降低主要原因有：①摄影机测光装置故障；②操作问题，即曝光时间太短（或太长）照明灯亮度太弱（或太强），使曝光量过小（或过大）；③胶片感光度变化或乳剂号、轴号改变未作试片。

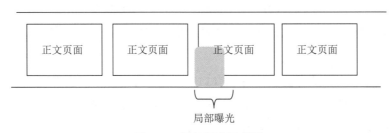

图 8-5　局部曝光示意图

片头尾空白片处的曝光可以通过，而标板或影像正文的曝光则需要补拍；边缘跑光则以是否影响正文内容为判断依据，细微的跑光黑边可以通过，否则需要补拍。

8.7　异物

手或异物阴影是指胶片画幅内出现手或异物（侧光头、签字笔、纸片、胶带、首饰等）的阴影，如图 8-6。手或异物阴影会造成影像内容不完整而影响缩微胶片的质量。在整盘胶片中，此缺陷是极个别的，可补拍相应片段；若有此缺陷的画面较多，则需补拍全部影像。手或异物阴影的产生原因主要有：

（1）拍摄人员不等手完全离开稿台即按拍摄按钮；

（2）平台式有底光拍摄机使用底光时，稿台面不清洁、有污迹遮挡了部分光线；

（3）稿台上放有其他杂物；

（4）拍摄机内反光镜不干净或有异物；

（5）拍照室内天花板的灯源未关闭。

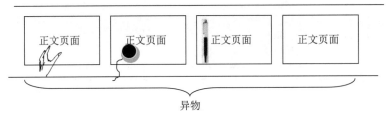

图 8-6　异物示意图

8.8　影像排列

8.8.1　画幅影像拉伸及缩短

画幅影像拉伸是指画幅被拉长而超过原画幅尺寸，画幅影像缩短是指画幅影像尺寸被压缩而小于应有尺寸，如图 8-7。这两种缺陷一般发生在用轮转式摄影机拍摄的缩微胶片中，主要是原件移动速度慢于胶片移动速度或胶片移动速度低于原件移动速度造成的，此种胶片缺陷必须补拍。

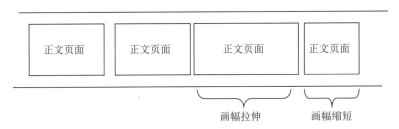

图 8-7　画幅拉伸和缩短示意图

8.8.2　画幅间隔大小不一

胶片上画幅排列应上下居中，间隔均匀，不允许画幅之间的间隔不一，甚至重叠，如图 8-8 和图 8-9。这是由于拍照机输片部分或快门的动作失灵造成的。由于后续的胶片数字化工作是以画幅边框判断画幅影像的，因此画幅片间距的异常或画幅异常会导致影像识别失败。因此，出现画幅不匀或重叠的应补拍处理。

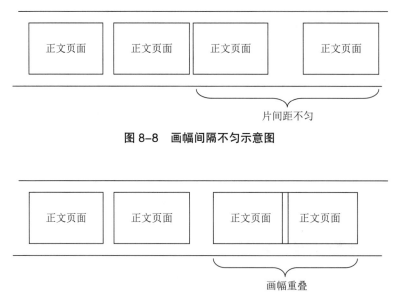

图 8-8　画幅间隔不匀示意图

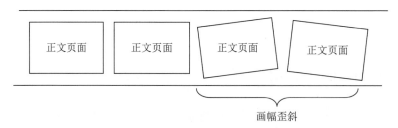

图 8-9　画幅重叠示意图

8.8.3　影像歪斜

　　影像歪斜是指原件在胶片上的影像排列不正，如图 8-10、图 8-11 和图 8-12。产生原因主要有：原件在稿台上没放正或输片机构故障。在一盘胶片中个别影像歪斜不超过 2° 的可通过，较多歪斜、歪斜严重或画幅超出胶片边缘的应补拍处理。

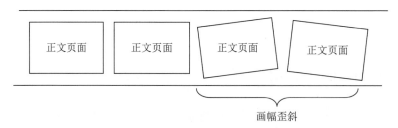

图 8-10　画幅歪斜示意图

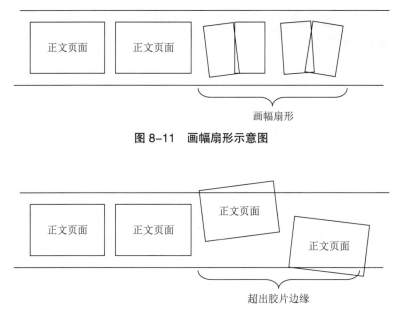

图 8-11　画幅扇形示意图

图 8-12　画幅超出胶片边缘示意图

在书刊类不拆装的文献拍摄中，会出现夹字、文字畸变等情况，畸变严重或夹字较多的需补拍处理；在古籍善本文献中一般不允许扇形畸变，畸变严重的需要补拍。

8.8.4　画幅上下不居中

无论是传统拍摄还是数转模文献的拍摄，画幅的上下居中是基本要求。拍摄时需根据拍摄机投影确定文献在稿台上的摆放位置，确保影像在胶片内上下居中，以保证文献影像的对称性和整齐度，图 8-13 是画幅上下不居中的示意图。

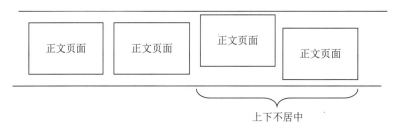

图 8-13　影像画幅上下不居中示意图

发生影像排列问题的可使用直尺、量角器等工具量取画幅大小、歪斜程度、影像上下偏移量。

8.9 折痕或卷边

8.9.1 折痕

压痕、折痕是指缩微生片或拍摄后未冲洗的胶片由于外力压到或折伤形成潜影，一经冲洗便显现出黑色条斑，从而破坏了原有的影像。这种缺陷实质上是属于摩擦灰雾。压痕、折痕的产生原因主要有：拍照机的输片、收片故障造成胶片淤片而产生折痕；检查人员将拍摄人员补的一段胶片查完未及时接片，也未缠绕在片轴上，而是卷成一个卷，放在需要接片的原片盘的上面，经过片盒盖与胶片的挤压造成折痕。

8.9.2 卷边

卷边是由于胶片干燥过度造成的。卷边的主要原因有：烘干温度过高；环境湿度太低。这两种情况可通过适当调低烘干温度和提高空气湿度的方法解决。胶片边缘变形、乳剂面出现裂纹或破裂等均需补拍。

8.10 标板或稿台脏污

标板主要用于缩微胶片的片头和片尾区，起到引导、说明和承上启下的作用，标板在打印和制作时应注意字号的大小，避免字号过大或过小，以及打印过程中打印机漏墨等使字符标板出现污迹。

稿台是拍摄中用于放置原件的台面，在使用的过程中应注意稿台的清洁和规范，磨损后应及时更换，以免在拍摄时将磨损页面拍入画幅内，影响影像质量。标板或稿台污迹过大影响正文内容的应补拍处理，如图 8-14。

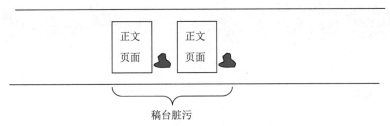

图 8-14　稿台脏污示意图

9 著录检测

外观检测完毕后，胶片状态为乳剂面朝外，片头在外层，此时可将胶片安装在阅读器上进行逐拍检查，逐拍检查可查看片头尾标板中摘录信息的准确性，也可对正文的内容和清晰度进行检测。图 9-1 是胶片安装在阅读器上的示意图，根据排版方式的不同，装片方向也不一样。在装片时应注意滚轴转动灵活，滚轴和压玻片未粘连异物灰尘等。

著录检测是第 2 次核对摘录信息的准确性，主要核对摄制清单与题名标板和著录标板等处的信息是否一致；在内容检测时进行第 3 次摘录信息核对，主要核对正文影像中摘录信息与摄制清单的一致性。本章主要以图书的信息摘录为主，介绍摘录的原则和质量检测的要求，其他文献类型基本类似，不同处会着重说明。比较重要的信息摘录项有题名、责任者、出版机构、出版地、出版年、版本、标识系统、丛书项、附注项、缺失、细目、缩率、拍数和清点情况等。

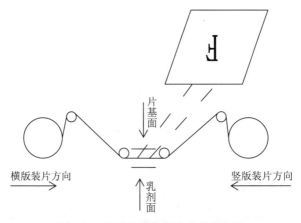

图 9-1　胶片在阅读器上装片示意图

在检测缩微胶片标板中摘录信息的准确性时，应参照文献前整理阶段的摘录原则，一为检查前整理人员摘录工作的质量，二为确保胶片上的摘录信息能够如实反映文献原文的内容。普通图书的信息摘录原则一般参照 GB/T 3792—2021[①]、《普通图书缩微品著录条例》等标准和规范，并结合具体的文献个体做特殊处理。摘录信息时应依照相应的信息源和摘录位置优先级进行信息的比对、摘录，并对不一致信息进行附注说明，表 9-1 是普通图书信息摘录著录项目的规定信息源和摘录优先级。

表 9-1　普通图书信息摘录著录项目的规定信息源及摘录优先级[1]

著录项目	规定信息源
书名与责任说明项	书名页、版权页、封面、序言、后记等
版本项	版权页、书名页
出版发行项	版权页、书名页
载体形态项	整部图书
丛书项	整部图书
附注项	任何信息源
片卷摄制细目	整部图书

资料来源：本表来自全国图书馆文献缩微复制中心《普通图书缩微品著录条例》。

注：[1] 优先级为按表中顺序依次选取。

在核对摘录信息是否准确一致的过程中，应严格按照表 9-1 的优先级进行，各处信息源有差异的应根据摘录优先级选取，并在附注项说明；部分文献需要根据该书系列分册的其他分册信息或编目系统信息进行补充，此时按照信息最充分者摘录，并在附注项说明情况。

---

① 中国科学院文献情报中心,国家图书馆,北京大学图书馆,等. 信息与文献　资源描述：GB/T 3792—2021［S］.北京:国家市场监督管理总局,2021.

9.1 题名

缩微胶片上文献的题名是摘录信息重要的项目之一，出现错误必须补拍处理。不同文献的题名摘录原则略微有差别，简要介绍需要在质量检测过程中着重注意的几种。

9.1.1 书刊类文献题名

9.1.1.1 摘录原则

书刊类文献题名（即书名）摘录位置的优先级应依次为：书名页、版权页、封面、书脊、卷端、序言、后记等。其中书名页、版权页、封面是最重要的三个信息源位置，质检人员应对书籍的基本知识有必要的了解，能够分辨此三者的区别和联系。在著录检测的过程中，应着重检查著录标板题名与题名标板和摄制清单题名的一致性，如有不一致，应先记录并在后续的内容检测中与影像原文核对，找出摘录有误的原因并进行相应的技术处理。摄制清单摘录错误的可更改，而题名标板和著录标板摘录错误的需要通知前整理人员修改数据，补打标板后进行补拍处理。

正书名必须根据摘录优先级原封不动依照原书文字和格式摘录，标点和特殊符号等也应如实摘录，如"「 」""『 』"。其他书名可根据原书情况著录，切勿出现错别字或者多字少字情况。题名标板上的题名应使用粗黑体，在胶片上影像高度为 1.2mm—1.7mm，实际工作中使用 60 号字体打印即可。

9.1.1.2 并列书名

并列书名是相当于正书名的另一语种或几个语种的书名。一般多用于中文和外文对照的书刊文献。多语种对照的文献用"＝"与正书名连接，目前仅摘录英文书名。

书名原文是文献被翻译成中文前的外文原名，而全书正文非英汉对照，与并列书名有区别，在附注项里说明即可，格式为"书名原文：******"。

9.1.1.3 其他书名

其他书名包括交替书名、副书名等，表达文献的内容范围、著作内容计量单位、著作体裁、编辑方式及体例等，可根据情况摘录。交替书名为正书名之后由"原名""又名""亦名""一名""或"等字样连接的书名；副书名又称解释书名，解释或从属于正书名的另一书名，一般出现在正书名周围，用不同的字号或者字体表示，有时会以"——""（ ）"等标识；出现分册分集时，需用"第一册""第1–8 册""上册""上，下册"等进行标识。

例 1：

知堂文集，一名，周作人自选散文集

例 2：

算术复习题例解，原名，高小算术补充题例解

例 3：

新经全集：圣教．下集

因文献出版不规范，部分书刊存在书名页、版权页、封面等处书名不一致情况，此时，一般需要按照书名摘录的优先级进行摘录，并将不一致情况在附注项说明。

9.1.1.4　无总书名

部分书刊是由一系列不同责任者的著作汇编或合订出版而成，且无概括性总书名，著作数量超过 3 个的，只著录第一个书名与责任者，其后用省略号标识，未著录的书名和责任者摘录于附注项。

9.1.1.5　有总书名的作品集

部分书刊是同一责任者出版的系列作品集，一般会有一个汇总书名，如矛盾创作的中篇小说集《蚀》，包含《幻灭》《动摇》《追求》，应摘录"蚀"为正书名，而不是分集作品名。

以上是书刊类文献书名摘录中较常见的形式和内容，其他特殊和详细情况应按照《普通图书缩微品著录条例》进行。

9.1.2　报纸类文献题名

9.1.2.1　报纸题名摘录

报纸题名以与原件名称相同的形式给出，一般将原报纸报头复制后粘贴在题名标板上。报纸题名更改后应作为一种新报纸用新号段进行拍摄，并在附注说明报纸的继承和改名情况。

例：

出版周期	报纸题名
1989 年 1 月 4 日—1992 年 12 月 26 日	联合周报
1993 年 1 月 2 日—1997 年 9 月 30 日	联合报
1997 年 10 月 1 日—	联合日报

《联合日报》的附注项需要摘录：

本报继承：《联合报》，期号连续；本报原名：《联合周报》，1993 年 1 月 2 日改名：《联合报》，1997 年 10 月 1 日改名：《联合日报》。

9.1.2.2　报纸并列题名

摘录报纸题名时，英文题名可作为并列题名一并摘录，拼音题名不作为英文题名摘录。如果报纸创刊时就有英文题名则可作为并列题名与正题名用"="连接摘录，如果报纸出版一段时间后增加英文题名，则可在附注项说明，格式为"自＊年＊月＊日起有英文题名：＊＊＊＊＊＊"。

9.1.3　数转模类文献题名

数转模类文献的题名摘录应为简体字，并将缺失或现存信息摘录在题名后。

9.2　责任者

9.2.1　摘录原则

责任者的摘录位置优先级同题名一样，应依次为书名页、版权页、封面、书脊、卷端、序言、后记等，检查时应注意不应将不同位置的责任者混淆。责任者应使用粗黑体，在胶片上影像高度为 0.8mm—1.2mm，打印时一般使用 40 号字体。

责任者的摘录应按照原书逐字摘录，繁体可转为简体[①]，避免出现摘录丢

[①]　可参考汉典：https://www.zdic.net/。

字、错字等情况；责任者中含有地名、字或号一起出现时，应辨别哪些是真的责任者。

个人责任者应写在团体责任者前。当一个责任方式的责任者是两个人时，中间加英文状态下的逗号；责任者大于两个人时，只需摘录第一个责任者并在其后加"［…等］"，而原文就有"等"字，则原样摘录即可，不加"［　］"。根据原书信息或者书目系统推测的责任者和责任方式，需要对摘录信息加中括号"［　］"以示区别。

责任者前后的出身、籍贯、单位、职位、学位、头衔等，均不予著录，但省略后不利于确认责任说明含义的字样，应如实著录，如以下几种情况：

（1）凡原题有清代及其以前的中国古代个人责任者所处朝代信息，应著录于姓名之前，并用圆括号括起。例如：（明）杨一清撰。

（2）凡外国责任者，若明确国别，则著录国别简称于汉译姓名前，并用圆括号括起。例如：（英）张伯伦（Austen Chamberlain）著。

（3）僧侣责任者，依原题法名如实著录，法名前面加"（释）"字。例如：（释）念死撰。

9.2.2　责任者责任方式

责任方式随同责任者摘录，责任方式后的"者"不摘录；著录标板上各责任者需要根据"著""著作""编""译""校对"等优先级确定填写位置。对于多个信息源出现责任者及不同的责任方式时，要按照责任者的摘录优先级摘录相关责任者和责任方式，否则有可能摘录不当。

9.2.3　其他责任者

除编者、著者、翻译者等主要责任者外，在书中出现的"校对者""校阅者"等也应摘录。丛书的主编可在丛编项字段里摘录。例如：民族解放丛书 /平心主编。

9.2.4　汇编文献责任者

一至三个责任者的汇编著作先著录原著者，后著录汇编者。超过三个责任者的汇编文献，摘录汇编者、选编者为责任者。

9.2.5　重刊文献责任者

重刊文献、著作集、专题汇编和注释类文献的责任者应以重刊的责任者为主，原著作责任者可加"[ ]"。例如:《毛泽东选集》，可另加责任者"[毛泽东著]"。

9.3　出版机构

9.3.1　摘录原则

出版机构的摘录位置优先级依次为版权页、其他位置，并按照出版责任方式的优先级摘录对应的出版机构，依次为：出版者、总发行者、发行者、其他。但当文献任何地方出现"出版者""版""藏版"等字样时，均按照出版者处理。

文献内找不到相关字样而推测或依据系统摘录的出版机构应加上"[ ]"以示区别。

出版机构带有地名信息时，应区别地名是否是出版机构的一部分。一般在文献其他地方表明出版机构不带地名，或者地名和出版机构印刷位置之间有距离，或者地名字号较小，可推测为地名不是出版机构的一部分，否则需要作为整体摘录为出版机构。不超过 3 个出版机构的应依次摘录，超出的可摘录第一个，后加"[…等]"，其他出版机构在附注项说明。

9.3.2　出版责任方式

出版的责任方式有：出版者（出版、版、藏版、铅板）、总发行者（总发行、总发行者、总发行所）、发行者（发行、发行者、发行所）、印行者、印（刷）者、经售者等，出版者不用摘录字样，其他责任方式需要加上"[ ]"摘录字样。例如:[发行者]。

9.3.3　重刊文献出版发行项

重刊文献的出版发行项以新的出版发行机构为准，原出版发行项可在附注项说明。例如：原出版机构为：人民教育出版社。

9.4　出版地

9.4.1　摘录原则

出版地应跟随出版机构摘录，并一律著录地名全称。出版机构名称内或其字样附近的地址可摘录为出版地，而出版机构附近出现多个地址的，需要辨别哪一个距离出版机构更近，是不是其他低级责任方式出版机构的地址。原出版、发行地有误，除如实著录外，应将正确地名著录于其后方括号内，或在附注项说明。

出版地一般摘录到地级市，地级市以下或不知名的地址可附带省级名字，省级名字用"（ ）"括起，如"叶县（河南）"。如出版地的城市名称与城市所属地区名称相同，应在城市所属地区名称后加"市"或"县"字样，以示区别。地名相同的不同出版、发行地，可在其后方括号内注明国别或地区名称。如：西安县［吉林省］。

多个出版地的可依次摘录，3 个及其以上的出版地可省略摘录，摘录第一个出版地，并在其后加"［…等］"字，并附注说明其他的出版地。例如：上海［…等］，出版地还有：***。

9.4.2　推测或未知出版地

依原书推测的出版地应为地名加问号并置于方括号内。例如：［上海？］。完全无法推测出版地时，可著录为"［出版地不详］"。

9.4.3　借用出版地

"各埠"可摘录为［出版地不详］，"上海及各埠"可摘录为"上海"。在版本中出现的"蓉""渝"等简称可采用为出版地，摘录为"成都""重庆"。

9.5　出版年

9.5.1　摘录原则

书刊等文献出版年摘录位置的优先级依次为版权页、其他位置。若版权页未有出版年份信息，在题名页和封面等地有明确年份信息，亦可摘录，如"1958年2月出版"此类字样。

文献中存在多种版本信息，出版年份一般和最新版本时间结合摘录，只摘录最新版本为此文献的出版年。

文献原载出版年经详细考证后确认有误，除将原文献所标识出版年如实著录外，还应将经过考证的正确年份著录其后，用"[ ]"表示其正确出版年份或在清单和附注项上进行说明。

9.5.2 格式转换

文献出版年份方面，晚清时期文献，其出版年份多采用年号纪年法，如年号"宣统"；民国时期文献，其出版年份一般用民国纪年，但在伪满洲国地区出版发行的图书，多沿用年号纪年，如年号"康德"；新中国成立后，文献出版年份采用公元纪年法。此外，在中华文化圈国家的文献中，同样存在使用年号纪年的现象。

书刊等文献以民国纪年或年号纪年形式体现的在照实摘录后，还应以"[ ]"表示其转换后的公元纪年形式，民国纪年或年号纪年中有"廿""念""卅"表示"二十""三十"之意也须照原字样摘录并转换。摘录方式具体为"民国二十七年 [1938]""清宣统元年 [1909]"。摘录时切记要注明"民国""清"相关朝代信息。

常见非公元纪年转换方式如下：

民国纪年：民国时期年份 +1911= 公元年

宣统纪年：宣统年份 +1908= 公元年

大同纪年（伪满洲国采用的第一个年号）：大同年份 +1931= 公元纪年

康德纪年（伪满洲国采用的第二个年号）：康德年份 +1933 = 公元纪年

昭和纪年：昭和年份 +1925= 公元纪年

新中国初期文献的出版年应摘录到具体月份，即将年份与月份都摘录其中，年月之间用英文句号"."隔开。例如：1960.1。

9.5.3 推测出版年

当文献中未有明确出版年信息，须经过判断与考证确认。印刷年份、发行年份等不能直接作为出版年记录，可将其他位置出现的年份信息推测为出版年，需加"［　］"以示其为尚未确定。例如：［1960］。

如果没有发行年份、印刷年份信息，可推测著录，著录为"［？］"，表示没有确定的出版年份。例如："［1967?］""［196?］""［19?］""［1911?-1949?］"等形式，分别表示推测年份在1967年这一年内、在20世纪60年代这十年内、在20世纪这一百年内、在1911年至1949年期限时间内等。

9.5.4　印刷信息

书刊等文献出版发行相关信息完善，但出现异地印刷或者多次印刷等情况，也应进行著录。在著录印刷地与机构后，以"，"隔开后摘录印刷年月。还应在附注项中增加说明异地印刷。例如：1958年2月北京第1次印刷。在著录时要重点说明印刷地点。重复印刷，但并未为异地印刷，格式与异地印刷一致，附注项著录形式如：1963年12月第3次印刷。重复非异地印刷著录附注项时不用说明与出版地相同的印刷地。重复异地印刷则要说明，例如：1956年3月沈阳第9次印刷。

出版年以后印刷的文献，也可与前文情况相同酌情在附注项摘录最新印刷情况，形式与前文相同但不需要说明印刷地点，只说明为第1次印刷即可。例如：1958年2月第1次印刷。

9.5.5　多卷（册）书刊文献的出版年

多卷（册）文献的每一卷（册）出版年份不同，应著录起始与结束年，即最初出版年与最后出版年，并用连字符"-"表示起讫。例如：1956.8-1958.3。特殊情况如尚未出版齐全的多卷（册）文献，一般著录第一卷出版年，后跟"-"连字符以表示其存续状态，待书刊出版完全后再著录其最后出版年。

9.6　版本

9.6.1　摘录原则

版本项摘录位置的优先级依次为版权页、其他位置，除"初版""第1版"

等首次出版信息可不用摘录外，其他相关版本信息都应如实摘录。带地名的版本，应把地名摘录到版本前。例如："北京1版"。此外，"国难后1版""新1版"等其他特殊形式的出版信息也需要如实摘录。

文献的原版本项经详细考证后确认有误，除将文献原有版本项如实著录外，应将经过考证的正确版本信息在附注项说明。

与本版有关的相关责任说明是指被著录新版文献图书的审订者、修订者、编辑者、作序者等参与该版再创作的责任说明，最多著录三个，各种材料补充说明、译著与原版本的说明，必要时需在附注项说明。

9.6.2 摘录格式

中文数字形式的版本，摘录时需把中文数字转换为阿拉伯数字，且省略前文"第"字。例如："第二版""第三版"，应著录为"2版""3版"。其他版本形式只需依照原文字样摘录。例如："再版"表示第二次出版，著录时如实摘录为"再版"，无须更改为"2版"。

9.6.3 多种版本

文献等书刊出现多个不同内容与类型版本项信息时，应按照相应规定，如实全部著录。常见版本形式如下：

说明版本过程改变的版本项：修订本、增订本、增订版等都为版本过程改变从而出现的版本形式。在书刊等文献中，如果该版本项与版次一并出现，可作为附加版本说明著录于版次之后。例如：2版，修订本。

说明文献内容特点的版本项：通俗本、缩写本、洁本、百衲本、校点本、改写本、原文本、选本、普及本、初级本、试用本、儿童版、少年版、青年版、农村版、图文版、科学版、节选本、绘画本等都需著录于版本项。同前文一样，于版次之后继续著录即可。例如：3版，通俗本。

说明制版类型的版本项：油印本、影印本、石印本、珂罗版、缩印本、晒印本等都应如实著录。例如：新1版，油印本。文献包括两种及以上的制版类型，可两种同时著录，也可著录其中一种主要制版类型。著录其中一种主要制版类型时，需在附注项说明文献哪一部分为另一种制版类型。需要注意的是，常见的铅印本、胶印本等制版类型可以省略不进行著录，在检查时需要仔细鉴别。

复印本文献：复印形式的文献，除在版本项著录复制方式外，还应在附注项注明复制依据，相关依据应根据前言、后记、出版说明等处信息摘录。另外，如若文献仅有部分内容为复制品，不应著录于本项，而应在附注项说明。

9.6.4　推测版本

版本信息以版权页位置为优先，如若版权页没有版本信息，书名页、封面页、序言、正文等有出现与版本有关信息也可如实摘录或推测著录。但摘录时需要注意，文献中可能会出现其他非本文献的版本信息，考证确认后，只摘录本文献的版本信息即可。经过推测后的版本项信息，著录版本项时需加"[ ]"。例如：[2 版]。

9.7　标识系统

9.7.1　著录格式

连续性出版物（多为报纸和期刊）在进行著录时由于其连续出版的时间属性，需要在著录时标注期号、卷号或者出版发行的年、月、日。期刊、报纸等书刊以卷（集）或者期为标识时，卷以"v"为标识符号，期以"no"为标识符号，中文数字需要转换为阿拉伯数字形式。例如：v. 4 /no. 37 。

9.7.2　摘录标识系统

完整出版的期刊、报纸等在著录时需要注意是否从第一册的卷、期或者年、月摘录至最后一册的卷、期或年、月。起讫时间必须完整无误著录，以"~"表示起讫日期的跨越性。例如：no.1（1952）~no.12（1964）/v.1~v.17。

另外，以卷、期或者年、月两种方式作为期刊报纸的标识，著录时应同时著录卷、期与年月，卷、期与年、月之间均用"，"隔开。例如：v.1，no.1（1956，1）~v.12，no.12（1956，12）。

如果连续出版的期刊、报纸等还在继续出版中，应先著录其第一卷后的时间标识，然后以"~"符号表示其存续的状态。例如：v.1，no.1（1956，1）~。

9.7.3 摘录原则

9.7.3.1 多标识系统

报纸、期刊等连续性出版物出现两种卷次标识系统时，应将两种卷次标识系统都摘录。两种著录方式需用"="符号连接，表示其为同一卷（册）、同一年月的连续性出版物，但时间标识形式不同。例如：v.5，no.13（1980，9）~ =总 57~。

9.7.3.2 无卷号标识系统

报纸、期刊等连续性出版物出现无卷号但有年份和期号的情况时，应以年份代替卷号进行著录，并著录在期号之前。例如：1956，no.1~1957，no12/1956，no.7~。

9.7.3.3 无期号标识系统

第一册无标识或无总期号的连续性出版物，在著录时应将"no.1"或"总1"以"[ ]"括起来，表示推测此为第一册标识号或者总期号。

9.7.3.4 变更标识系统

报纸、期刊等连续性出版物的刊名未改变，标识出现"新""新辑""第二辑"等相关字眼，应将此类说明文字也著录其中，并将新标识著录于原标识之后。例如：v.1，no.1（1967，1）~v.12，no.12（1967，12）；no.13（1968，1）~；v.1（1963）~ v.7（1964）；新辑，v.1（1965）~。

9.7.3.5 跨年、月标识系统

摘录跨年、月连续性出版物一卷（册）的时间，应将两个年份或两个月份用"/"进行区分。例如："1957/58"或"2 月 /5 月"。

9.7.3.6 推测标识系统

连续性出版物中没有明确起讫年份、卷等标识信息，可进行推测著录，著录方式为"[？]""[1967？]""[196？]""[19？]""[1911?-1949?]"等形式。"[196？]"可表示确定时间在 20 世纪 60 年代内，或出现"v.24,no-（1977）-"则认定为期号不详但卷号与年份明确，因此需要仔细考证与辨别。

9.7.3.7 试刊、休刊、复刊等情况

试刊、休刊、复刊等相关情况在著录标识系统时应附注说明。

试刊有两种情况：第一，与总期号相关或计算在内的试刊可作为标识系统

著录；第二，未入总期号计算、无总期号出版物和非正式出版的试刊，算作标识系统著录之外，还应做附注说明。

休刊又复刊的连续性出版物可按原有标识系统著录，但应将休刊复刊的相关情况做附注说明。

已经休刊未复刊的期刊为停刊刊物，应摘录完整的标识系统并在拍摄时放置摄制完标板，质检人员应严格核对文献是否摄制完。

9.8　丛书项

9.8.1　摘录原则

丛书正题名、丛书并列题名都应如实著录。丛书并列题名就是与丛书正题名相关的另一种语言/文字，著录在丛书正题名之后，用"＝"连接。

例：英语世界丛书 =The World of English Books

文献属于两种以上丛书时，应著录更为重要的丛书名，一般不超过两个。

文献各个组成部分分别属于不同丛书，不予著录，可在附注项说明，多见于合订本。

9.8.2　丛书责任说明和编号

丛书责任说明、编号和表示各种单独著作次第的文字都应如实著录。丛书责任说明包括个人或机关团体充当的主编者、编辑者等及其责任方式，著录在丛书正题名之后，用"/"连接。丛书编号通常用"第几种""第几辑"表示，应原封摘录。

例：新时代文丛.第一辑/潘际坰，黄裳编

9.9　附注项

对于原书中无法归类的必要信息，应进行附注性说明，主要有以下几种需要摘录到附注项的信息：

（1）对于出现在书名页、版权页、封面等处的辅助信息，如英文原名摘录为：书名原文：***。

（2）责任者名称（含译名）变更，注明原名或通译，如著者通译（著者通称）：***。

（3）原书中的题名、责任者、出版信息等有多处不一致情况时，需要在附注项进行说明，以便有据可查。

（4）出版、发行项未予著录而又有必要补充说明的内容，予以附注性说明。例如：出版机构还有：***。

（5）图书附录所含参考书目、索引、参考资料、责任者小传等，均著录于附注项，并根据其所处原书不同位置，注明"书前冠"或"书末附"。

（6）说明图书出版、发行特点的文字，如"内部发行""内部读物"等，予以附注说明。

9.10 缺失

9.10.1 报纸的缺失

报纸的缺失需要在各分卷细目下列出缺失信息，并在正文缺失位置放置缺失标板以及缺失信息。整理报纸时应在缺失处放置缺失提示条提醒拍摄者，并打印规范的缺失信息放置在缺失标板上。

9.10.2 数转模的缺失

数转模的缺失情况应体现在题名里，而一些仅知晓现存情况的，可以在题名里体现现存情况，有缺失但不体现在题名里的需要补拍。

9.11 细目

9.11.1 期刊细目

期刊细目的摘录应详细包含每一个片卷的卷期及公元纪年起止信息，不连续的卷期信息可分段摘录，如图9-2。

> 本部书共摄制 1 盘，16 毫米银盐，缩率为 1:22，原件藏国家图书馆，国家图书馆摄制，母片藏全国图书馆文献缩微复制中心。
> 各片卷摄制目录
> 1　no.8[1941,1,1] -no.9(1941,2,1)；no.12(1941,5,1)；no.14/1
> 　　5(1941,8,1) -no16/17(1942,1,1)

图 9-2　期刊细目信息示意图

9.11.2　报纸细目

报纸的细目应详细摘录每一个片卷包含的日期起止信息，并在每个片卷下注明该片卷内的缺失情况。报纸分卷细目应为实拍报纸的日期起止信息，头尾缺失的在下面注明缺失部分即可，确保报纸的连贯性，如图 9-3。

> 本报本年度期号为 no.178～414，共摄制 4 卷，35 毫米，缩率为 1:14，山东省图书馆摄制，母片藏全国图书馆文献缩微复制中心。
> 各片卷摄制目录
> 1/4　2001 年 1 月 1 日～2001 年 3 月 31 日
> 　　　（缺：1 月 2 日；1 月 13 日；1 月 20 日。）
> 2/4　2001 年 4 月 3 日～2001 年 6 月 30 日
> 3/4　2001 年 7 月 3 日～2001 年 9 月 29 日
> 　　　（缺：7 月 19 日；9 月 3 日。）
> 4/4　2001 年 10 月 8 日～2001 年 12 月 31 日
> 　　　（缺：第 341 期。）

图 9-3　报纸细目摘录示意图

9.11.3　数转模细目

数转模需要在题名标板和接续标板上注明各片卷的起止信息，各片卷的起止信息要首尾对应，不能间断，遇到刚好缺失的，可将缺失信息并到上或下一片卷。多部书中的分卷信息应单独摘录，使上下连贯无歧义，如图 9-4。

各片卷摄制细目				
分卷号	内　　　　　　　　容	米数	拍数	缺　失　细　目
1	史记卷首-卷90	23	593	
2	卷91-前汉书卷30	22	567	
3	卷31-后汉书卷10下	23	612	
4	卷11-卷120	24	639	
5	三国志魏志卷首-晋书卷15	21	539	

图9-4　数转模分卷细目示意图

9.12　其他信息

9.12.1　文献尺寸

文献尺寸以高度为准，按厘米（cm）计算，不足1厘米的看小数点后1位，如果数字大于3，则以1厘米计算，数字小于3则忽略不计。例如：高度18.3cm，著录为19cm。不同的拍摄机有不同的缩率对照表，根据文献高度不同，选择相对应的缩率即可。另外，尺寸不一的多卷书（册）图书，应著录较大的尺寸。异常宽大的图书，应按照其宽度来选择合适的缩率，并著录具体长和宽的尺寸。例如：14×18cm

质检人员检测时应核对文献尺寸是否摘录有误，以及在影像画幅超出胶片范围时判断是文献尺寸测量有误还是拍摄缩率有偏差。

9.12.2　拍摄缩率、规格和数量

文献的拍摄缩率应在摄制清单及著录标板上摘录和填写，质检人员可利用直尺等工具测量影像尺寸，结合文献的原始尺寸换算拍摄缩率是否正确，文献的拍摄缩率允许+4%的误差，检验补片时也应核对补拍缩率是否一致。

在著录标板中分卷细目的上方应摘录文献摄制数量、规格、起止信息等，这些数据应严格和整理清单核对，切勿摘录错误。

例：

本刊共摄制 2 卷，16 毫米，缩率 1：18

本报共摄制 6 卷，35 毫米，缩率 1：19

本报本年度期号为 no.8005~8294，共摄制 1 卷，35 毫米，缩率为 1：19

9.13　实际拍数

摄制清单上的实际拍数是根据拍数计算公式得出的，如果在质检过程中发现页码未清点或重复清点，导致拍数误差较大，以及拍数计算公式错误等需立即通知前整理人员更正。在录入产量时应录入实际拍数，而在编组卷时应根据加上片头尾空白片的总拍数进行编组卷，质检人员应对编组卷的规则常识有简单的了解和认识，主要有以下几种方式：

（1）16mm 双画幅胶片中，以画幅宽度 22mm（根据需要可在 18—24mm 范围调整）计算，另加 0.8—2mm 的片间距，1m 胶片可拍摄 40 拍左右，满盘容纳 1250 拍（含空白片），单画幅容量可适当加倍[①]。

（2）35mm 单画幅传统拍摄，以画幅宽度 42mm（根据需要可在 40—44mm 范围调整）计算，另加 1mm 的片间距，1m 胶片可拍摄 23 拍左右，满盘容纳 700 拍（含空白片），单画幅容量可适当加倍[②]。

（3）数转模文献中，基于图像宽度等比例缩放的原则，相关研究[③]进行了参数设置和自动化编组卷程序设计。

---

① 程积安．探讨民国文献整理工作的问题与改进措施［J］．数字与缩微影像，2015（3）：20-22.

② 刘小露，樊亚宁，王浩．古旧文献数字信息转换缩微胶片技术探究——以馆藏方志家谱数转模项目为例［J］．数字与缩微影像，2014（2）：4-6.

③ 樊向伟．关于国家图书馆文献缩微复制中心数转模工作智能化改进的思考［J］．数字与缩微影像，2022（4）：14-19.

遇到超长编组卷的，胶片外边缘低于片轴外边缘至少3mm[1][2][3]，否则需要重新编组卷补拍。

以上是缩微胶片质量检测过程中常见的著录信息摘录原则，质检人应在参考以上内容的基础上，熟练掌握相关文献的摄制规范、国家和国际标准、著录规则等，做到融会贯通，能够快速准确作出判断和处理意见，以上内容未涉及部分请按照《普通图书缩微品著录条例》执行。

---

① 全国文献影像技术标准化技术委员会第四分技术委员会.缩微摄影技术 在16mm卷片上拍摄古籍的规定:GB/T 7517—2004［S］.北京:中华人民共和国国家质量监督检验检疫总局,2004.

② 全国文献影像技术标准化技术委员会第四分技术委员会.缩微摄影技术 在35 mm缩微胶片上拍摄存档报纸:GB/T 25072—2010［S］.北京:中华人民共和国国家质量监督检验检疫总局,2010.

③ 全国文献影像技术标准化技术委员会第四分技术委员会.缩微摄影技术 在35mm卷片上拍摄古籍的规定:GB/T 7518—2005［S］.北京:中华人民共和国国家质量监督检验检疫总局,2005.

10　内容检测

内容检测是将缩微胶片安装在专用的缩微阅读器上，放大缩微影像以便检测页面中的各种缺陷。本部分工作主要包括：再次核对著录信息的准确性；根据整理清单逐拍检查影像页面信息，包括影像的清晰度和完整度；在检测的过程中，发现并处理外观检测时不易观察到的异物影像，以及擦拭掉检测过程中掉落在胶片上的尘埃和绒毛等。

10.1　核验摘录信息

缩微胶片应该按照原文献的实际情况进行信息摘录和拍摄，题名、责任者、出版等信息的具体摘录方式及优先级详见第9章著录检测部分。

内容信息核验通常要经过对4处信息源的3遍核对，见表10-1。第1遍在检查密度时进行，粗略核对摄制清单与胶片标板上的片盘代号、题名信息是否匹配，以便检查摄制人员是否按照组卷的顺序拍摄和放置片盘代号，防止片盘代号放置错误或缺位，以及题名标板放置错误；第2遍在阅读器上进行，仔细核对胶片上的著录标板信息与题名标板和摄制清单上的信息是否一致，初步查看是否有不一致信息；第3遍在逐页清点中进行，检查胶片影像中正文的信息与摄制清单摘录信息是否一致，此时可判断是信息摘录有误还是单据填写有误，以及是否是标板打印错误或标板放置错误。

表 10-1　缩微胶片信息核对简表

核对次数	检测环节	检测内容
第1次	密度检测	核对摄制清单与胶片上片盘代号、题名信息的一致性

续表

核对次数	检测环节	检测内容
第2次	著录检测	核对胶片上的著录标板信息与题名标板和摄制清单上的信息是否一致
第3次	内容检测	核对胶片正文与摄制清单中摘录信息的一致性

在检测的过程中需要题名标板、著录标板、摄制清单、原文献（胶片正文）摘录信息完全一致，做到四位一体，保证信息的准确和一致。4处信息源摘录不一致的，应按照质检三原则判断不一致信息的影响程度。不一致情况主要分为：单据填写错误、摘录错误、标板打印错误、标板拍摄错误等。其中，单据填写错误的可自行在单据上更正，胶片上题名和责任者等关键信息摘录错误需补拍，其他信息摘录错误可通知前整理人员更改数据，而标板打印或拍摄错误必须补拍。

10.2　影像清晰度

在逐页检查影像正文的过程中，应着重检查影像的清晰度，主要包括虚拍、洇字、透字、影像畸变等问题。检查时应准确掌握这几种影响影像清晰度问题间的区别和联系，并判断在何种程度上需要补拍处理。

10.2.1　虚拍

10.2.1.1　原件字迹虚

对于石印本、手写本、民国时期及新中国成立初期的文献等的刊刻和印刷材料来说，易产生原件字迹虚的情况，具体原因包括：一是印刷时纸张的抖动造成字迹拖动；二是墨迹经过长时间潮湿空气的侵染或印刷纸张吸水性太好，造成字迹周边笔画洇出；三是字迹经长时间的保存，墨迹脱落造成线条断续。此三种情况，可在核对原件的基础上给予质量合格，并标注原件质量情况。

10.2.1.2　拍摄虚

胶片内容中文字是否清晰，一般以文字笔画的黑白界限是否可辨为判断依据。有拖动重影或线条不实即为影像虚，此时须区别原件虚或拍摄虚。如原件无字迹虚情况，则可能是由于拍摄时被摄原件超出镜头景深范围、调焦偏差、曝光中被摄原件移动和缩微摄影机振动等原因造成的虚像。对于拍摄导致的虚拍，需根据补片规定补拍相应的片段，补拍合格后接回原处。

10.2.2　洇字

此处所指的洇字，并非指在原文献的生产制作环节所产生，而是在文献印刷完成后的利用和保存阶段，由于人为或外在环境的影响，液体被文献纸张吸附后，在其上留下了水渍。液体在宣纸上的扩散受到纸张生熟程度和印墨颜色种类等影响，导致字迹飘散，这种洇字会在渍迹边缘尤其明显。渍色、字色、纸色混合一起，有时甚至会反透出背面的字迹等。拍摄时可参考透字情况进行变光拍摄，最大程度使成片能够保存文献的重要内容。

10.2.3　透字

透字基本上是因为纸张太薄，从而可以看到背面或下页文字，以及由于印墨原因使两页文字互印或墨迹洇到背面内容上。针对纸张太薄的情况，拍摄人员在拍摄的时候需用衬纸拍摄，减少两页纸之间的透光性；针对页面互印的情况，可适当降低拍摄曝光度，降低实际页面和印迹的反差，根据低密度控制理念进行低密度拍摄。

10.2.4　影像畸变

缩微胶片中不宜产生影像畸变。拍摄胶装式原件时，因中缝不易打开，或者文字离中缝较近，使文字产生一定的形变或拉伸，甚至导致靠近中缝一侧的文字出现密度不达标、文字不清晰等情况。针对这种情况，严重的需要补拍处理。

10.3　影像完整度

完整度是指缩微胶片对被摄原文献原貌的再现程度。缩微影像信息应完整再现原文献的所有原始信息，包括原文献所有页面上的字符、线条、印迹、图表等。影像应不超出画幅边框，无漏拍、漏字、折字、页面颠倒、褶皱、折叠、异物等情况，并减少重拍、夹字等差错。

对于超大画幅的图表、地图等需要分幅拍摄的应符合 GB/T 17739.4—2008[①] 第 5 节及 GB/T 19730—2005 第 6.3.2 节的相关规定。在原文献中夹杂或粘贴的，写有对原文献的修改或校字、校语的签条也应原封拍摄，可依照 GB/T 7517—2004、GB/T 7518—2005 的相关规定拍摄。

10.3.1　漏拍

10.3.1.1　原件缺失

不同文献对原件缺失的处理略有不同：古籍原件的缺失需要在缺失处的页边放置缺失标板条；图书缺失的需在缺失项摘录缺失内容；报纸缺失的需在著录标板的各分卷信息下注明缺失信息，并在缺失影像处放置缺失标板。需要放置缺失条或缺失标板的应在相应缺失处放置缺失条或缺失标板，未放置的需要补拍处理。可参考 6.2.5 缺失标板的样式和放置位置进行检查。

10.3.1.2　拍摄漏拍

在检测影像页面时，应该按照整理清单逐一核对页面是否存在，保证清单中清点的页数不遗漏，页面页码连续。当发现影像页面与清点页数不符时，应查找原文献确定是清点遗漏，还是原书缺失，或者拍摄漏拍。如发现漏拍某页文献时，需要按文献类型规定进行补拍。拍摄漏拍一般是拍摄时注意力不集中或打乱拍摄节奏导致的，可通过建立良好的拍摄习惯，避免漏拍发生。

图 10-1 中 1 月 2 日第 15347 期，该天报纸整理清单中为 8 版，但胶片影像中（图 10-2）只有 3 拍，可根据版次信息判断无第 2 版和第 7 版，因此为漏拍，需要补拍处理。

---

① 　全国文献影像技术标准化技术委员会六分会,国家档案局档案科学技术研究所. 技术图样与技术文件的缩微摄影　第4部分:特殊和超大尺寸图样的拍摄:GB/T 17739.4—2008［S］. 北京:中华人民共和国国家质量监督检验检疫总局,2008.

图 10-1　报纸文献整理清单示意图

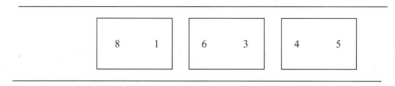

图 10-2　报纸漏拍示意图

10.3.2　空拍

在拍摄过程中，合理的空白拍摄（空拍）是为了胶片内容的分档以及方便后续补片操作。通常，空拍会安排在两册文献之间或文献结束与结束标板之间。然而，如果机器故障或人为原因导致出现无效空拍，则应作为差错处理，严重情况下需要进行补拍。如因操作人员失误，在稿台撤下文献后又误踩下快门，会形成一张不应存在的空拍。镜头光门闭合的问题也会导致片段性全曝光，段内文献内容过曝导致影像不存在，在胶片上形成一段黑影。还有可能是过片装置问题，本应过片一个固定长度的距离，而胶片错误出现不定长度过片导致的空拍。在数转模拍摄中，有类似于传统拍摄的稿台无文献的状况，即显示器没有正常开启，未全部拍摄出文献图片。

10.3.3　重拍

10.3.3.1　原文献重复

原文献重复的内容无须拍摄，可选择拍摄页面质量较好的部分，如图

10-3，遮挡页面分别3、4。清点原始文献时，确定页码和内容均相同的部分需放置提示符号提示拍摄人员跳过拍摄，在跳过拍摄时应用黑色卡纸遮挡非拍摄内容，保持页码的连续性。

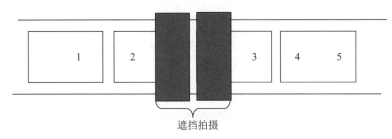

图 10-3 书刊类原书重复遮挡拍摄示意图

10.3.3.2 拍摄重复

拍摄产生的重复包括无意重复、有意重复但无效。无意重复是指拍摄内容时，不确定该页内容是否拍摄过而误操作造成重复的拍摄，表现为两幅连续一模一样的影像，如图10-4。对于这种重复应依据缩微胶片质量细则的要求控制重复数量，超出标准要求的应做补拍处理。有意重复但无效，是指拍摄时认为需要变光拍摄，但变光的效果不明显，而实际上无须变光，对于无效变光的重复可计入重拍数量。

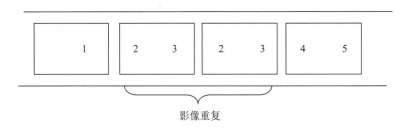

图 10-4 重复拍摄影像页面示意图

拍摄合订本连续出版物的分割标板时，应采用遮挡拍摄的方式将文献内容正确分档（如图10-5），否则分割标板前后的页面为分档不正确，且导致页面重复。拍摄页面颠倒的文献时，也应采用遮挡的方式保证页面的连续性，否则均按重拍计入差错比例或者补拍。

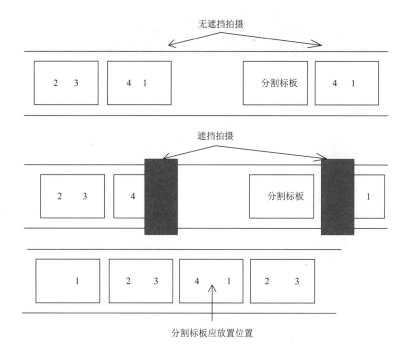

图 10-5 分割标板的无遮挡和有遮挡拍摄示意图

10.3.4 夹字

由于合订本、反装等原因，民国时期文献有较多中缝打开成扇形，或者中缝两边若干列文字无法拍摄出效果的情况。目前，依据最小限度损害文献和最大限度保存文字的原则，采取不拆书脊、酌情保留中缝的方式，但需要核对原书并记录夹字情况。由于夹字影响了原书内容的完整性，因此在拍摄时应酌情最大限度压平中缝，尽量增加胶片载体上内容的可读性。

10.3.5 漏字

10.3.5.1 开天窗漏字

漏字在民国时期书刊中比较常见，由于年代较远，书籍在使用和储存过程中，可能会出现页面部分缺损的情况。对于书页中的破口、漏洞，前整理人员在清点时应标识提醒，拍摄时需在页面下衬纸拍摄，并注意防止重拍等情况。

报纸有时也会遇到局部被剪的情况，但因报纸拍摄流程为逐张拍摄，稿台上只有一张报纸，下方不会漏出其他内容，因此不必另外衬纸。

10.3.5.2　页面散落漏字

除需注意书页中间可能的漏洞漏字情况外，还应注意书口边缘是否漏出下层文献内容，页边显示后页文字的也需衬纸拍摄。文献内还可能夹杂各类大尺寸纸张图表，需注意避免书页散乱掉落，影响上层拍摄的影像内容。

10.3.6　折字

书本折页会导致页面中重叠部分的文字内容缺失，这种情况可能是两种原因造成的。一是原书装订错误，前整理人员在发现时应采取措施，若折页处于中缝则依照最大程度抢救文献原则处理，若折页在外边角，则应在尽量不损害原文献的情况下使书页展平，数转模拍摄时使用的数字图像，其纸质文献在扫描时也同样需要及时整理。二是拍摄失误，翻页盖上玻璃板时，有可能会给原书增加新的折页，拍摄人员应注意每一拍的完整再踩下快门，避免折字漏字。另外，若发现前整理人员遗漏未展平的折页，拍摄过程也应进行处理，使文献内容尽量完整。

10.3.7　页面颠倒

缩微胶片影像排列的顺序应与相应原件一致，应符合 GB/T 16573—2008 中的要求，并根据不同的文献类型有细微的差别。缩微胶片影像在画幅中应居中或位置固定，不宜上下起伏或歪斜。

10.3.7.1　报纸版序混乱

缩微拍摄时一般按照文献的页码顺序依次拍摄，遇到版序颠倒的需经整理后按顺序拍摄。拍摄报纸时要求第一版不能放错位置，其他版面可根据印刷及装订的偏好顺序拍摄。图 10-6 是 8 版报纸的版序排列图。

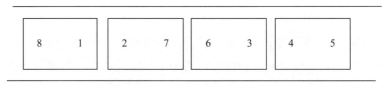

图 10-6　8 版报纸版面排列示意图

10.3.7.2 页面前后、上下颠倒

影像的排列方向应与原文献的翻页方向相匹配，横版文献影像排列方向为从左往右，竖版为从右往左。页面颠倒分页面前后颠倒和页面上下颠倒。前后颠倒会导致页码错乱，因装订错误而倒序的文献可根据文献横竖版页面的多少选择单一拍摄方向，并按原文献状态拍摄，这时会产生较多连续页面的倒序，不作为差错处理，如图10-7。上下颠倒为影像上下反转180°，主要为页面装订错误，有时也可见在数转模拍摄时未旋转图像，如图10-8。

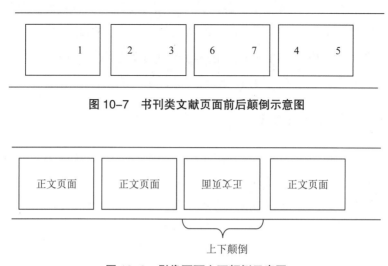

图 10-7 书刊类文献页面前后颠倒示意图

图 10-8 影像页面上下颠倒示意图

10.3.8 文献单元未拍完

由于组卷或拍摄不当，部分文献可能存在未拍完的情况，尤其是在书刊类和古籍数转模类文献的拍摄过程中，若文献未完整拍摄，需要对未拍摄部分进行补拍。补拍时需注意文献的连贯性和完整性，确保未拍部分与已拍部分在影像质量和拍摄参数上一致。

10.4 杂物

外观检测阶段能够发现较大面积的异物，面积较小的异物或因胶片在质检

过程中接触空气、检片台、手套、滚轴等而粘上的尘埃或绒毛，均需在内容检测阶段进行清理，否则影响胶片拷贝过程中文字的完整性。

10.4.1　尘埃、绒毛、碎屑

尘埃、绒毛、碎屑等异物在转动胶片的过程中会在画幅内移动，遇到时应使用吹气皮囊、绒布等清理掉，清理不掉的根据是否影响正文内容判断是否进行补拍处理。缩微胶片在拍摄和冲洗的过程中几乎不会长时间接触到空气或其他物体，只有在质量检测过程中会长时间暴露在空气中，并接触到其他物体。因此在质检过程中必须保证检片设备的清洁卫生，检片空间避免空气污浊及长时间的开窗，且在检片的过程中使用不易起毛的涤纶手套，定时清洁阅读器滚轴和压玻片，从而有效避免检片时对胶片的污染和损伤。

10.4.2　固定位置重复杂物

在数转模拍摄时，反光屏上掉落不明圆圈杂物，会在拍摄出的胶片的固定位置出现规则的圆圈，这种情况需要清洁拍照机后补拍相应片段，如图10-9。而传统拍摄时，镜头上粘有不规则碎屑也会导致类似情况。

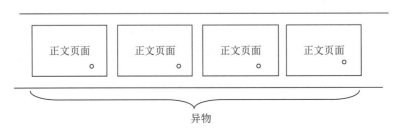

图 10-9　数转模文献影像内部重复位置圆圈示意图

原件固定位置出现破洞、墨点等会在正文影像上留下规则的异物形状，此时需要查看原书情况，并在附注项说明。如前文10.3.5.1所说，破洞需要在拍摄时垫纸，以防两个页面中文字内容混淆。

11 补片

内容检测完成后，胶片检测的主体工作基本完成，如无差错画幅则直接进行胶片包装即可，当检测出有因胶片制作的前 3 项工序导致的不合格画幅，必须采取补拍措施。标准 GB/T 12355—2008[①] 规定了有影像的 16mm 和 35mm 卷式缩微胶片的连接要求，包括缩微胶片连接部位的宽度和厚度、端头间的距离、连接边缘的倾斜度、抗拉和断裂强度、不同类型连接法的应用和每盘胶片的连接数。在具体的接片中，还应根据文献类型的不同确定接片原则，书刊类、报纸类、古籍和数转模类文献的接片原则略有不同，但接片操作基本一致。

11.1 补片原则

在标准 GB/T 12355—2008 中规定：为了在阅读和复制设备上达到最好的效果，胶片的影像区域不应超过 6 个连接处[②]。在实际工作中，为使一整盘胶片不至于被切分为过多的单元，一般是一盘内影像正文中的接头不超过 4 个，而连带空白片处的接头可以酌情放宽至 6 个，减少接头可以避免在后续拷贝处理或使用时出现接口断裂等问题。

根据文献的不同拍摄方式，目前有 2 大类接片方式：古籍、数转模采取补整册书或整个文件夹图像，在每册之间的空白处接片；而书刊和报纸采取接头处重拍的方式接片。但书刊和报纸又略有区别：书刊接片接头处重 3 拍为连续页面的重拍，而报纸为接头处的一拍影像重 3 拍，具体作以下介绍。

---

①② 全国文献影像技术标准化技术委员会四分会.缩微摄影技术 有影像缩微胶片的连接:GB/T 12355—2008［S］.北京:中华人民共和国国家质量监督检验检疫总局,2008.

11.1.1 书刊类文献补片

书刊类文献的补拍要求更为严格：文献总画幅在 100 拍以内，不得出现任何接头；文献少于 100 拍，则需对整种文献进行补拍，以确保完整性和清晰度。

书刊类文献片头尾任一标板不合格，应补拍全套标板，因片头和片尾都和正文间隔 1 拍空白片作为分割，因此在补拍片头尾时只需补片头尾即可，并在空白片处接片，如图 11-1 和图 11-2 分别是图书类胶片片头尾的接片示意图。期刊类文献的片头分割标板需要补拍时，则需要按照重 3 拍原则补拍正文内容，如图 11-3。而在正文补片时，书刊类文献补片的拍摄范围是在需要补拍的画幅位置前后各 3 个连续页面，将补拍画幅包含在内，如图 11-4。这样的补拍方法旨在确保补片部分与前后页面的内容在视觉上保持一致，能够清晰地知晓补拍画幅与其前后页面的关系，提高缩微胶片的可读性和参考价值。

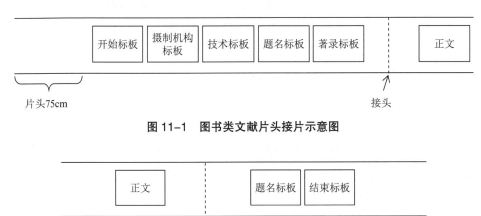

图 11-1　图书类文献片头接片示意图

图 11-2　书刊类文献片尾接片示意图

图 11-3　期刊类文献片头分割标板补拍示意图

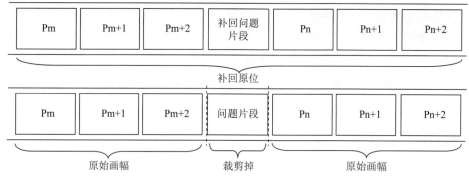

图 11-4 书刊接片重 3 拍示意图

11.1.2 报纸类文献补片

在 GB/T 25072—2010 中对在 35mm 缩微胶片上拍摄存档报纸的补拍作出了规定，其中对补拍影像的描述为"不合格的影像部分及其前后最少三个影像均应同时补拍"[①]。而在缩微中心制定的《新中国成立后报纸缩微摄制规范》[②]将补拍的内容进一步细化，具体为需要补拍画幅位置的前后一拍，各重复拍摄两遍，即接缝位置两端的画幅是重复的 3 个相同页面，如图 11-5。

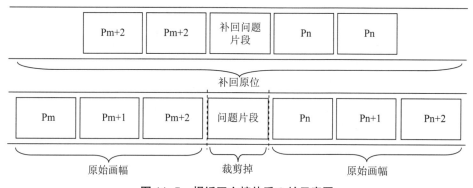

图 11-5 报纸正文接片重 3 拍示意图

报纸类文献超长部分允许技术性接片，但胶片外边缘应低于片轴外边缘至

① 全国文献影像技术标准化技术委员会第四分技术委员会. 缩微摄影技术 在 35 mm 缩微胶片上拍摄存档报纸: GB/T 25072—2010 [S]. 北京: 中华人民共和国国家质量监督检验检疫局, 2010.

② 具体见全国图书馆文献缩微复制中心 1998 年制定的《新中国成立后报纸缩微摄制规范》（SW/YW 020）。

少3mm[1]，超长部分的接缝处应参考图11-5中重3拍的原则并补拍至片尾。报纸类文献片头标板以分割标板与正文分割，片尾以空拍与正文分割，因此补拍片尾标板时与书刊类类似，参考图11-2即可。而片头非分割标板错误时，补拍片头标板即可，在分割标板前接片，如图11-6；分割标板错误或遗漏时则需要按重3拍原则补拍至正文，如图11-7。

图 11-6　报纸类文献片头标板补拍示意图

图 11-7　报纸类文献片头分割标板错误或遗漏补拍示意图

报纸类文献中间的正文或分割标板错误可参考图11-5补拍即可，漏拍则可以切除漏拍画幅前后2拍，并依据重3拍原则补拍，如图11-8。

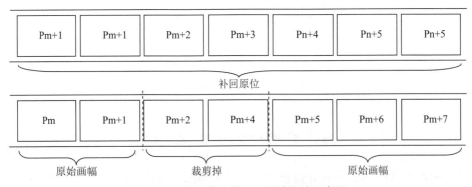

图 11-8　报纸类文献正文漏拍补拍示意图

---

① 全国文献影像技术标准化技术委员会第四分技术委员会.缩微摄影技术　在35 mm缩微胶片上拍摄存档报纸:GB/T 25072—2010［S］.北京:中华人民共和国国家质量监督检验检疫总局，2010.

11.1.3　古籍和数转模类补片

对于古籍文献，由于其珍贵性和历史价值，补拍时应补拍整册书[①②]，数转模类补片参考古籍类文献的补拍方式，即补拍整个文件夹内的所有图像，以保证文献的完整性和连贯性。古籍和数转模文献在空白处接片，而接缝前后的画幅均可能含有有效信息，因此在切片时应确保接缝前后保留半拍空白片距离，以避免损伤有效影像。古籍、数转模文献在空白处接片效果，如图11-9。古籍和数转模片头尾补拍参考图11-1、图11-2补拍整套标板即可。

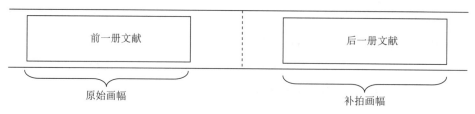

图 11-9　古籍、数转模接片示意图

11.2　接　片

11.2.1　接片要求

缩微中心目前生产使用的缩微原底片基本为银盐涤纶片基缩微胶片。该类型缩微胶片使用超声波接片机，接片效果较好，其基本原理为利用超声波振动产生的热能熔化胶片表层并施加一定压力实现胶片连接，在接片的过程中应保证：

（1）接片要准确。接片前应对补回片段依据补拍单和摄制清单按照"四绕八检法"逐拍检测影像质量，补回的胶片在内容、缩率、密度等方面应符合要

---

①　全国文献影像技术标准化技术委员会第四分技术委员会. 缩微摄影技术　在16mm卷片上拍摄古籍的规定:GB/T 7517—2004［S］.北京:中华人民共和国国家质量监督检验检疫总局，2004.

②　全国文献影像技术标准化技术委员会第四分技术委员会. 缩微摄影技术　在35mm卷片上拍摄古籍的规定:GB/T 7518—2005［S］.北京:中华人民共和国国家质量监督检验检疫总局，2005.

求，检测合格的胶片才可以接回，不合格的撤回继续补拍。合格的补片与原胶片对照无误后，将不合格画幅从原胶片剪下，并将补拍片段接回，接回后需核对接缝前后影像的完整性和连续性。

（2）保证接缝的质量。一是接片时应保证接缝对齐、接片牢靠，被连接的两段缩微胶片边缘横向位移不得大于 0.05mm，如图 11-10 中尺寸 D 所示，在位移允许范围内可以对移位的边缘或接缝两端（胶片宽度方向）涨出的熔化胶片进行修整以保持胶片边缘光滑；二是使用超声波接片机搭接接片的，其连接部位的厚度不得超出原胶片最大厚度部分的 0.15mm，如图 11-11 中尺寸 B 所示；三是两段连接的缩微胶片边缘之间的倾斜度不应超过正负 1°，如图 11-12 中尺寸 E 所示；四是接缝应能具备一定的抗拉和抗断裂强度，一般是接片后扯住接缝两端横向稍用力，检验接缝是否牢靠。接缝位置可选择在画幅间隔和空白片处，避免接缝过宽、过窄或接在画幅内部，一般在补回片段的一侧保留半拍的空白片，使有效影像和接缝部位至少留有 25mm 间隔，保证接缝两端影像的质量[①]。

（3）减少损伤胶片。在接片机上切片后翻转胶片时，应避免胶片的扭动缠绕以及片轴的滚动和滑落对胶片造成伤害；在切片和翻转时小心操作，轻拿轻放，接片机出现故障时应及时终止接片并维修接片机，恢复正常后再进行接片操作。

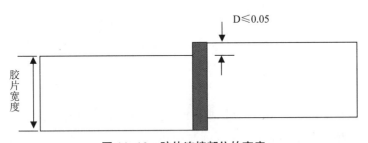

图 11-10　胶片连接部位的宽度

---

① 全国文献影像技术标准化技术委员会四分会. 缩微摄影技术　有影像缩微胶片的连接：GB/T 12355—2008［S］.北京：中华人民共和国国家质量监督检验检疫总局，2008.

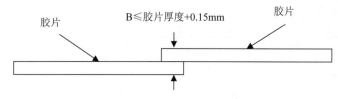

图 11-11　胶片连接部位的厚度

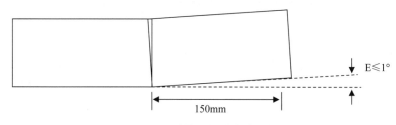

图 11-12　胶片连接边缘的倾斜度

11.2.2　接片操作

接片时，将胶片乳剂面朝上放入接片机卡槽内后，将无效画幅的外边缘对齐刀口并用盖板压紧，切下无效画幅，如图 11-13。这样可以保证合格画幅内的接缝处有较多空白缝隙，减少接入影像内部的风险。在将胶片放入接片机卡槽内时，可将胶片边缘紧贴卡槽边缘，避免胶片的纵向晃动，另一侧放置时也同样操作，这样可减少图 11-12 中出现的倾斜度。

补回片段两端切片时应保留半拍空拍，如图 11-14，此操作可防止接片失败后空白片余量不够，也使补片中的补回影像尽量远离接缝，保证其影像质量在拷底拷贝中不因接缝的凸起而降低，还可以保证一定的美观度和提示作用。

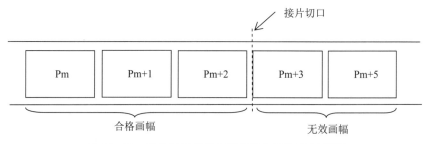

图 11-13　补片时无效画幅影像外边缘切片示意图

图 11-14　补拍片段接口处切片示意图

12 其他工作

经过内容检测后的胶片，片尾在外，乳剂面朝外，需要经过第 4 次绕片，使胶片的片头在外，乳剂面朝里，缠绕松紧适度[①]，如图 12-1，并用护片条包裹后放置在胶片盒内。护片条应不含酸、硫黄、苯元素、金属离子、石蜡、增塑剂等可能转移到缩微胶片上的成分，pH 值应在 7.0—9.5 之间[②]。护片条不建议使用金属气眼，如果使用则选用不锈钢材料；护片条上固定胶片的线宜使用棉线，不应使用橡皮[③]。放置缩微胶片的胶片盒应防静电、可塑度低、无残留溶剂、惰性、不含过氧化物，还应具有不易变形、开合性能良好等特性[④]，一般使用原装的胶片盒，不使用其他各类定制的尺寸略有不同的胶片盒。此外，需在质检完成后录入胶片检测数据，以确保后续能够进行统计分析和标签打印。

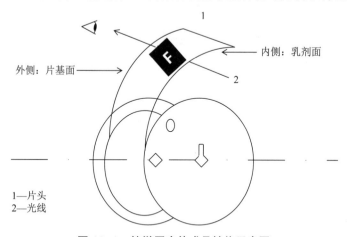

1—片头
2—光线

图 12-1　缩微原底片成品缠绕示意图

---

①②④　全国文献影像技术标准化技术委员会一分会. 缩微摄影技术　银-明胶型缩微品的冲洗与保存:GB/T 15737—2014［S］.北京:中华人民共和国国家质量监督检验检疫总局,2014.

③　全国文献影像技术标准化技术委员会第四分技术委员会. 缩微摄影技术　在 35 mm 缩微胶片上拍摄存档报纸:GB/T 25072—2010［S］.北京:中华人民共和国国家质量监督检验检疫总局,2010.

12.1 护片条填写

护片条裹在缩微胶片外部起到固定和避光作用，在护片条上应填写相应文献的识别信息，如图 12-2 为报纸护片条填写示例，包含片盘代号和分卷号、题名、分卷细目等。其他文献（古籍、数转模、书刊等）的护片条书写片盘代号起止号即可，如图 12-3。非报纸类文献均可在一盘内拍摄若干种文献，片盘代号不连续的应分段书写，如图 12-4。

图 12-2　报纸护片条填写示例

图 12-3　数转模护片条填写示例

图 12-4　非连续护片条填写示例

12.2 标签打印和粘贴

质检完毕的缩微母片应打印格式统一的顶签或侧签并粘贴在相应位置以便作为入库标识，如图 12-5 为报纸标签示意图，包括片盘代号、分卷号、题名、分卷内容、拍摄日期等，需注意字体大小、位置、格式等，如"："需打印为半角字符，整体做到美观大方，整齐划一。对于非报纸类文献，一盘胶片拍摄多种文献，还需要打印侧签，详细列出文献片盘代号和题名，甚至细目内容，如图 12-6、图 12-7 为图书顶签和侧签标签格式示意图。

图 12-5 报纸标签示意图

图 12-6 图书标签顶签格式示意图

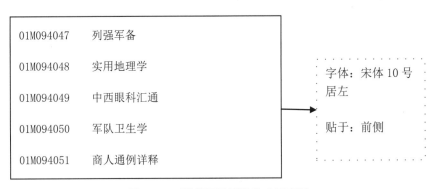

图 12-7 图书标签侧签格式示意图

目前已开发标签自动化打印程序，可查阅已有研究[①]进行字段填写和页边距调整，实现一键自动化打印。标签打印由各质检人员在图 12-8 的子产量表内点击"打印标签"即可，点击按钮后在子产量统计表的 sheet 后追加一个"标签"sheet，如图 12-9 所示，"标签"sheet 内实现标签自动模板生成，再次检查和调整后可直接打印输出。可在子产量表里按固定时间间隔登记质检人员的工作产量，填表时应按要求如实填写，以便后续用于数量统计和报表分析。

2023年1月		现报产量			3 卷		1 种	627 拍		优质	502 合格			125 优质率 0.801							计算	打印标签
盘 数	中心号	片盘代号	文献名称	文献日期	密度	重 拍	接 头	优 拍	合拍	整理人	拍摄人	质检人	前整理问题1 类型	备注	前整理问题2 类型	备注	拍摄问题1 类型	备注	拍摄问题2 类型	备注	冲洗	其它	整补 拍摄
1		01N000671	中国电力报	2015年1月1日	0.73-0.88	2:1			105														
1		01N000672	解放日报	2015年7月1日	0.74-0.99	2:2			20														
1		01N000673	解放日报	2015年7月1日-12月30日					502														

图 12-8　子产量表打印标签示意图

01N000426　3:1		01N000658　2:1	
内蒙古日报		中国妇女报	
2018年1月1日-4月30日		2018年1月1日-6月30日	
	2024年3月		2024年3月
01N000426　3:2		01N000658　2:2	
内蒙古日报		中国妇女报	
2018年5月1日-8月31日		2018年7月1日-12月29日	
	2024年3月		2024年3月
01N000426　3:3		01N000671　2:1	
内蒙古日报		中国电力报	
2018年9月1日-12月31日		2018年1月1日-6月30日	
	2024年3月		2024年3月
01N000648　1:1		01N000671　2:2	
中国老年报		中国电力报	
2018年1月2日-12月28日		2018年7月2日-12月29日	
	2025年3月		2024年3月

图 12-9　报纸标签生成示意图

标签粘贴位置要准确、牢固。以胶片盒开合面为正面，顶签贴于上侧面，侧签贴于前侧前面。贴之前需将原始标签撕掉，侧签内容过多的可分页打印并

---

① 樊向伟，王敬. 缩微母片产量报表及标签打印一体化程序设计——以数转模为例[J]. 数字与缩微影像，2021（2）:18-21.

依次贴于前后侧面，图 12-10 为胶片盒上侧面和前侧面示意图。

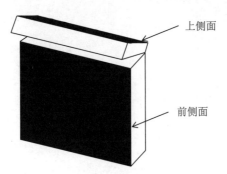

上侧面

前侧面

图 12-10　图书标签粘贴位置示意图

第三部分　缩微拷贝片质量检测要求

13 缩微拷贝片质量检测要求

缩微原底片，即第一代缩微品，主要用于长期保存，制作完成后再复制一份供缩微工作日常使用。制作缩微品副本的过程称为缩微品拷贝。在拷贝过程中被拷贝的缩微品一般称为母片，制作的副本称为拷贝片。日常工作中，一般称第一代缩微品为母片；第二代缩微品是为大量拷贝而制作的拷贝片，与第一代缩微品 1∶1 还原，也为负像，一般称为拷底片或中间片；而第三代缩微品是经拷底片拷贝用以读者服务等活动的缩微品，一般为正像，称为拷贝片。本章中的拷贝片包含俗称中的拷底片和拷贝片，拷贝片的质量关系到文献影像传递和读者服务的质量，是缩微胶片存在的根本意义。

在拷贝的过程中，各代拷贝片的影像特性（包括极性、密度、反差、解像力等）会发生一定的变化，且拷贝片的质量与被拷贝母片的质量、胶片性能、拷贝设备、药液、拷贝操作等紧密相关。拷贝片会出现影像密度过深或过浅、模糊、破损等问题，因此在制作拷贝片的过程中应加强拷贝片的质量检测，避免出现影像质量下降的情况。

拷贝片的质量检测没有系统的国际或国家标准予以参考，但有诸多标准涉及拷贝片质量要求。如 GB/T 13984—2005 对第二代银-明型缩微品的漫透射视觉密度进行了规范，但对第三代拷贝片的密度却没有涉及；GB/T 7517—2004、GB/T 7518—2005、GB/T 25072—2010 等不同文献的拍摄标准中对拷底片和拷贝片的解像力要求做出了规定；GB/T 17292—2008 规定了第一代缩微品的质量要求，其中关于完整性和保存性的部分指标要求可指导拷贝片的质量检测，但不是拷贝片质量检测的直接参考标准；GB/T 15737—2014 规定了中长期存储缩微品的冲洗和保存条件，其中关于冲洗后的要求可用于拷贝片质量检测的参考。

13.1 拷贝片质量影响因素

13.1.1 被拷母片的质量

被拷母片的质量优劣直接关系到拷贝片的质量，拷贝片是对母片的原样复制，如果母片出现各类主要质量缺陷，那么拷贝片势必不合格。在缩微原底片的质量检测中对解像力、密度、清晰度、完整度等方面做出了严格的要求，原底片的解像力不低于标准要求时，在复制 2—3 代后，拷贝片依然能达到较高的质量要求。在拷贝过程中，一般将胶片组为大盘快速拷贝，因此无法精确调整每拍影像的密度，所以要求原底片的密度必须在要求范围内，甚至对密度差作出了不大于 0.4 的规定。密度差较大的原底片拷贝效果则会相差很多，复制的代数会降低，因此不宜作为母片进行拷贝复制。

13.1.2 拷贝设备的性能

缩微胶片拷贝主要使用拷贝机和冲洗机，这两个设备的各项性能越好，越能保证拷贝片的质量，越能将被拷母片的影像原封复制。以拷贝机为例，能够影响拷贝片质量的因素有：母片与拷贝片的吸附密接程度、曝光时间、机器运行的稳定性、走片滚轴的清洁度等，每一项都关系到拷贝片的最终呈现。拷贝工作一般是使用接触式拷贝机拷贝银盐胶片，该类型拷贝机代表为 Extek 3100 和 Extek 2150。以 Extek 3100 为例，该拷贝机由供片盘、传动装置、真空头、光源、收片盘组成。拷贝人员可调节的参数有供片盘拉力、传动装置速度、真空头压强、光源强度。实际工作中供片盘拉力、真空头压强维持固定范围不变，拷贝人员通过调节速度和光源强度来控制曝光量进而影响拷贝片密度。

13.1.3 拷贝耗材的特性

拷贝耗材一般包括拷贝用胶片和冲洗药液，根据不同的拷贝复制用途，可选用不同性能的胶片。一般来说，拷底片是原底片的替代性胶片，需要进行中长期使用和存储，因此要选用高解像力和适当反差系数的胶片，可以兼顾最大限度保留原底片影像信息和多次拷贝复制的要求。三代之后的拷贝片根据场景需要不同，可选用性能比原底片和拷底片稍低的，但也必须保证胶片影像信息的清晰度和一定的胶片机械性能。在选用冲洗药液时也应注意药液的使用期限、冲洗疲劳度等，确保冲洗过程的有效。

13.1.4　拷贝操作的水平

不同的拷贝工艺，其流程也各不相同，因此需要拷贝人员对拷贝工艺、操作流程、质量项目具有较深的理解，还需要较高的职业道德和文献传承的使命感。在拷贝工作中，拷贝人员需要严格执行操作规程，认真检查拷贝设备的工作状态，在保护好被拷母片的基础上拷贝出符合质量要求的拷贝片[①]。拷底片和拷贝片的加工工艺也略微不同，拷贝人员需要认真确定拷贝成品样式和加工流程，并选择正确的质量参数进行拷贝。

13.2　拷贝片质量检测程序

相较于缩微原底片的质量检测，拷贝片的质量检测项目和流程较为简单，可以采用先整体后局部、先重点后一般的方法，优先质检可能造成拷贝片质量不合格的项目。拷贝片的质检项目主要包括解像力、密度和外观等，因此在检测前应准备好显微镜、密度计等测量工具，并戴好手套将待质检拷贝片置于检片台上，基本步骤与原底片类似。

（1）整体重点项目质检：质检人员应优先对拷贝片整体重点项目质检，整体重点项目包括整体密度、整体解像力、整体胶片物理缺陷等。整体重点项目不合格则拷贝片整体质量不合格，需要退回拷贝人员，说明拷贝片情况并重新制作。

（2）局部一般项目质检：整体重点项目合格后，质检人员应对局部一般项目质检，局部一般项目包括局部密度、局部解像力、局部胶片物理缺陷等。局部一般项目不合格应结合母片情况和拷贝片用途判断是否需要重新制作。

质检过程中，质检人员应按照图 13-1 的拷贝片质检流程进行相关质量缺陷的检验，同时，质检人员应将拷贝片的缺陷完整记录，并及时告知拷贝冲洗人员。质检完成后应及时关闭质检设备，清理工作台，将质检合格的拷贝

---

① 齐淑珍.缩微工作人员应具备的素质［J］.数字与缩微影像,2013（2）:25-27.

片进行成品包装，并将母片和拷贝片送交库房归于原位，最后再销毁不合格拷贝片。

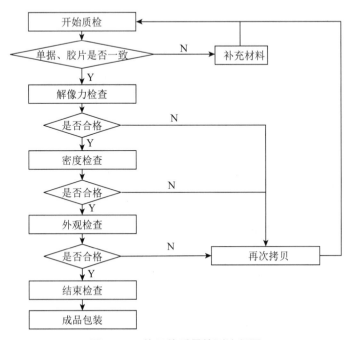

图 13-1　拷贝片质量检测流程图

13.3　拷贝片质量检测要求

13.3.1　解像力检测

在 GB/T 7517—2004、GB/T 7518—2005、GB/T 25072—2010 中对各种文献类型的缩微胶片解像力进行了规定，可直接参考本书中的表 5-1。银盐缩微胶片的解像力每拷贝一代，ISO 2 号测试图的综合空间频率读数一般下降一级，因此一般拷贝复制至第 3 代，胶片影像的质量不会下降太多，拷贝复制的代数越多，影像质量越差，越不能满足长期保存和阅览服务。

拷贝片解像力的检测程序与原底片基本一致，质检人员需要定期检测拷贝片的解像力以防止拷贝系统的故障。

13.3.2　密度检测

在 GB/T 13984—2005 中规定了第二代银－明胶型拷贝片（即拷底片）的漫透射视觉密度，其中根据拷贝为正像或负像的不同，密度也不同。

13.3.2.1　第二代拷底片的密度

第二代负像拷底片的 6% 反射率灰板影像区或两个画幅间透明处的密度应在胶片固有的最小密度 D_{min} 与 0.18 之间，以正确曝光、冲洗的原底片为母片制作的拷底片影像背景密度应在 0.8 与 1.2 之间。

直接拷贝为正像的中间片，背景的最小漫透射视觉密度应小于 0.25。

13.3.2.2　第三代拷贝片的密度

第三代拷贝片是作为发行片拷贝的，一般为正像。在 GB/T 13984—2005 中规定由正确曝光和冲洗的第一代缩微原底片制作的银－明胶型正像拷贝片，其漫透射视觉密度应在 0.05—0.15 之间。高质量和高反差的文件，拷贝片背景密度宜在此范围的下限；低质量低反差的文献，拷贝片背景密度宜在此范围的上限。虽然该标准是针对第二代正像拷贝片的，第三代正像拷贝片也可借用。

13.3.3　外观检测

13.3.3.1　拷底片的外观

拷底片的外观检测与原底片的检测项目基本一致，主要有水渍、药渍、污迹、指纹印痕、划伤、曝光、异物附着、折痕或卷边等，参照原底片外观的检测要求即可。另外拷底片的制作过程中会出现大量卷边、影像拖动等问题，需要注意拷底片严禁出现破损、龟裂现象；拷底片严禁出现对拷贝产生影响的卷曲等。

在胶片拷贝过程中，一般不对影像正文的清晰度逐拍检测，但是也要时刻关注胶片影像是否有大范围的拖动或模糊，避免机器故障导致的大面积胶片浪费。另外在胶片拷贝时，要注意拷底片和拷贝片的不同用途和极性状态，正确分辨胶片的片基面朝向。

13.3.3.2　第三代拷贝片的外观

三代拷贝片是作为发行使用的，其外观较原底片和拷底片要求较少，保证其密度均匀，无明显划伤、卷边、色斑、污迹等即可。当拷贝片使用次数较多导致存在较多划伤进而影响文献内容呈现时，应及时更换。

13.3.4　成品包装

检测合格的拷贝片应剪切掉片头尾超长的空白片，片头在片卷外侧，并使用护片条裹好装入片盒，护片条一般不再填写内容。标签根据拷底片和拷贝片用途的不一样，略有不同，拷底片存放于拷底片库用作日常缩微工作需要，以中心代码顺序排放；而拷贝片送往阅览室供读者服务，因此除文献题名外，不体现片盘代号或中心代号。两类标签的打印均可参考缩微原底片标签自动化打印程序进行批量打印。

13.3.4.1　拷贝片的缠绕

由于拷贝过程中影像的翻转以及保存和利用的需要，拷底片和拷贝片在成品包装时与原底片略微不同。拷底片和拷贝片的片头均在片盘外侧，而拷底片的片基面朝外（见图 13-2），拷贝片的片基面朝内（见图 13-3），拷底片和拷贝片均可使用哈气法判断胶片面。拷底片需要从乳剂面直读文字，而拷贝片与原底片一致，从片基面直读文字。

在拷底片和拷贝片成品缠绕时，应严格按照缠绕规则操作，否则会造成严重的生产事故。如拷底片缠绕错误，不仅会降低拷底片的保存性能，还会导致拷贝片拷贝失败，造成资源的浪费和服务失效。

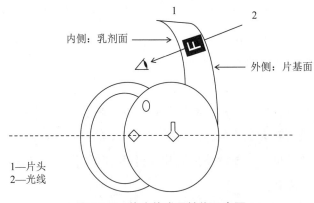

图 13-2　拷底片成品缠绕示意图

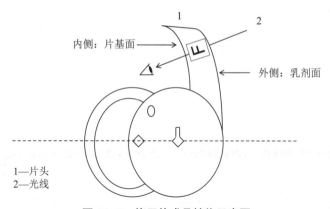

图 13-3 拷贝片成品缠绕示意图

13.3.4.2 拷底片标签格式

以民国时期图书拷底片顶签格式为例，标签信息包含中心编号、片盘代号、题名、分卷号，见图 13-4 和图 13-5。民国时期图书拷底片一般为一种一卷或一种多卷。在拍摄过程中，民国时期图书原底片可以多种编组为一卷，经拷底后需要分为一种一卷，以方便日常工作的取用。

图 13-4 民国时期图书拷底片顶签数据填写示例

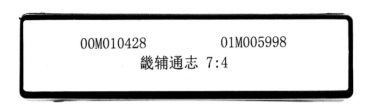

图 13-5 民国时期图书拷底片顶签示意图

13.3.4.3 拷贝片标签格式

民国时期图书拷贝片顶签信息包含阅览室号、题名、分卷号，见图 13-6 和图 13-7。

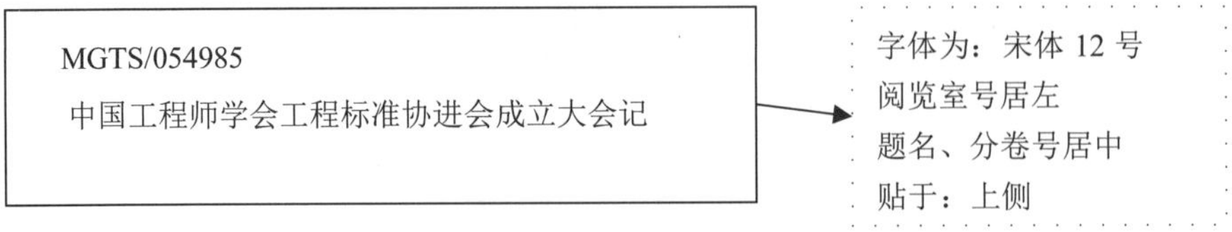

MGTS/054985

中国工程师学会工程标准协进会成立大会记

字体为：宋体 12 号
阅览室号居左
题名、分卷号居中
贴于：上侧

图 13-6　民国时期图书拷贝片顶签填写示例

MGTS/054985

中国工程师学会工程标准协进会成立大会记

图 13-7　民国时期图书拷贝片顶签示意图

　　其他类型的胶片标签格式可参考缩微中心制定的《缩微胶片中心号命名规则及盒签规范样例》[①]，不同机构也可根据自身情况设计标签格式，以清晰明了为主。

---

　　①　相关内容可参照全国图书馆文献缩微复制中心《缩微胶片中心号命名规则及盒签规范样例》。

第四部分　缩微胶片质量图谱

14 缩微原底片前整理质量图谱

14.1 数据摘录

14.1.1 题名

14.1.1.1 题名摘录位置错误

问题解析：图 14-1 中，题名应摘录书名页的"苏曼殊全集"，而非封面的"曼殊全集"。在摘录信息时，应严格按照摘录信息的优先级顺序，未按照摘录顺序摘录的，应修改元数据后补拍。

图 14-1　题名摘录顺序错误

14.1.1.2　题名抄录错误

问题解析：图14-2中，题名应为"真空管收音机造法"，而非"真空管收音的放大法"。此种题名中文字错摘、漏摘、多摘的，均需补拍处理。

图 14-2　题名抄录错误

14.1.1.3　并列题名与书名原文混淆

问题解析：图14-3中，该文献是一部译作，而非中英文对照文献，在著录标版中，将文献的书名原文"Rules for recovery of tuberculosis"误摘录为并列题名。书名原文是翻译作品的英文题名，摘录在附注项，而并列题名则摘录在正题名后面。

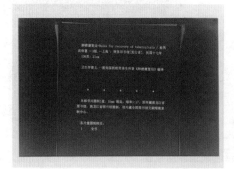

图 14-3　书名原文误为并列题名

14.1.1.4 未摘录其他题名

问题解析：图 14-4 中，原书封面有副题名"下册"，但是在著录标板中没有被摘录，应补充相关题名信息至 200 字段。

图 14-4 其他题名未摘录

14.1.1.5 各处题名信息不一致

问题解析：图 14-5 中，封面处题名为"讯滥的黄河"，而版权页为"泛滥的黄河"，应按照摘录顺序的优先级选择版权页题名作为主要信息源，摘录为"泛滥的黄河"，而其他摘录位置的题名信息可附注在 300 字段。

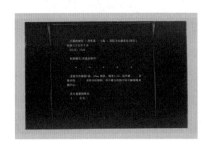

图 14-5 各处题名信息不一致

14.1.1.6　作品集文献题名摘录不准确

问题解析：图 14-6 中，题名应摘录版权页的"蚀"，"幻灭"是"蚀"三部曲之一，且在版权页中有明确的题名信息"蚀"。当部分文献是某一作者的系列作品之一，而有些系列作品有统一的其他名称时，应摘录该系列作品的统一名称，而非某一作品名称。该类错误应修改数据后补拍处理。

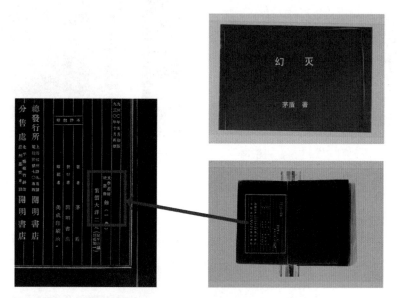

图 14-6　同一责任者作品集摘录非汇总题名

14.1.2　责任者

14.1.2.1　责任者摘录位置错误

问题解析：图 14-7 中，封面和书名页责任者为"渔郎著"，而版权页为"于渔郎著作"，应摘录书名页的题名，而非版权页的题名。摘录题名时应严格按照摘录顺序，其责任者的多寡、责任方式的变化等均需按照高优先级的摘录。该类错误应修改数据后补拍处理。

14.1.2.2　责任者摘录错误

问题解析：图 14-8 中，责任者摘录为"刘雄著 作者"，但根据书名页和版权页，责任者应摘录为"刘雄"。责任者周围非相关的信息应仔细甄别，避免信息摘录错误。此类错误应修改数据后补拍处理。

图 14-7　责任者摘录位置错误

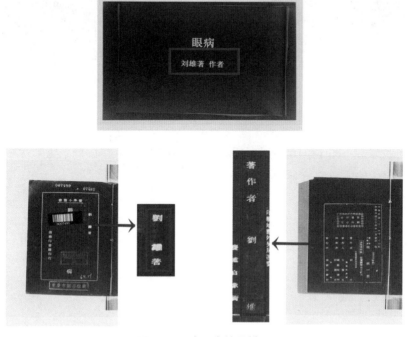

图 14-8　责任者摘录错误

问题解析：图 14-9 中，校阅者应为"严楗书"，而非"严楗"。在摘录时应严格摘录文献上的文字，避免摘录错误和丢失。此类错误应修改数据后补拍处理。

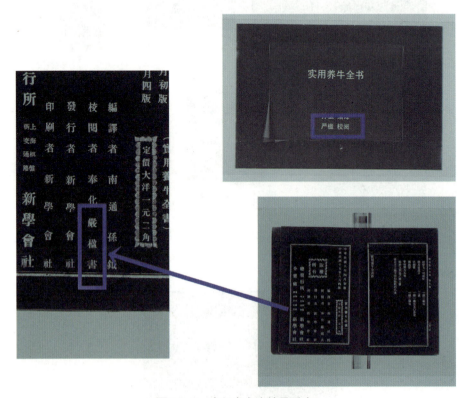

图 14-9　责任者名字摘录丢字

问题解析：图 14-10 中，责任者应为"沈仲圭"，错误摘录为"沈中圭"。此类错误应修改数据后补拍处理。

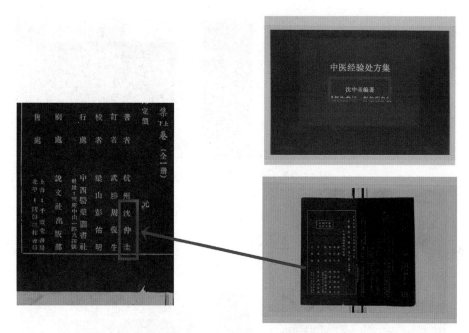

图 14–10　责任者名字摘录错误

问题解析：图 14–11 中，根据版权页图片应有两位校阅者：张廷华和程讷，其上方的吴兴和上海分别是地址信息，在题名标板中将"吴兴"摘录为责任者，这属于严重的常识性错误，应该修改数据后补拍处理。

图 14–11　地址摘录为责任者

14.1.2.3　责任方式摘录错误

问题解析：图 14–12 中，未按责任者摘录顺序摘录其责任方式，责任方式摘录为"著"，应根据版权页摘录为"编辑"。

图 14-12　责任者责任方式摘录错误

14.1.2.4　校对校阅等责任者未摘录

问题解析：图 14-13 中，在版权页左边侧栏旁有"校对者冯汝霖"的信息，摘录时应一并摘录，作为责任者的一部分。

图 14-13　校对、校阅等责任者未摘录

14.1.2.5　汇编文献责任者摘录不准确

问题解析：图 14-14 中，"北望园的春天"是该书系列篇名之一，不是此汇编文献的总书名，摘录第 4 篇文章"北望园的春天"的责任者为第一责任者时，需在其后加"…等"，并置于方括号内，即：［骆宾基…等著］。

图 14-14　汇编文献责任者摘录不准确

14.1.2.6　僧侣责任者

问题解析：图 14-15 中，责任者印光法师属于僧侣责任者，应在法名前冠"释"，并置于圆括号内。

图 14-15　僧侣责任者应前加"（释）"

14.1.2.7　重刊文献责任者摘录不准确

问题解析：图 14-16 中，该文献为汇编或重刊的文献，一般先摘录原著者，后著录汇编者，并将原著者置于方括号内。该文献为周作人作品选集，是经出版社重新编辑出版的，而非周作人本人将其出版发行，因而在摘录周作人为责任者时，摘录格式为：［周作人著］。

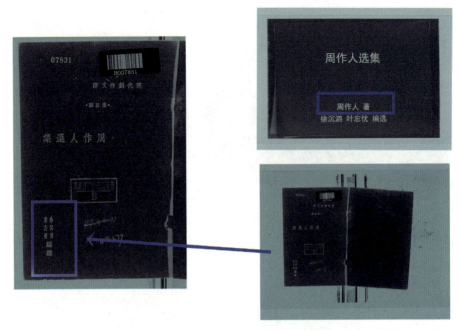

图 14-16　重刊文献责任者摘录不准确

14.1.3　出版机构

14.1.3.1　出版机构摘录位置错误

问题解析：图 14-17 中，版权页出版机构有总发行处和分发行处，应摘录总发行处：中华书局发行所［总发行者］。

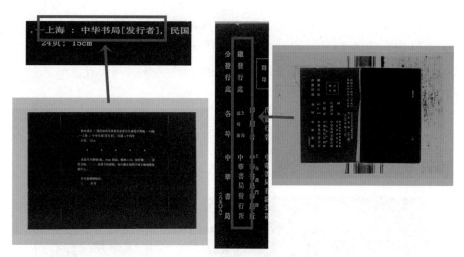

图 14-17　出版机构摘录位置错误

14.1.3.2　出版责任方式摘录错误

问题解析：图 14-18 中，版权页印有"出版者 大达图书供应社"，责任方式中出版为最高优先级，因此在摘录出版机构时，摘录为"大达图书供应社"，出版者或出版字样无须摘录。

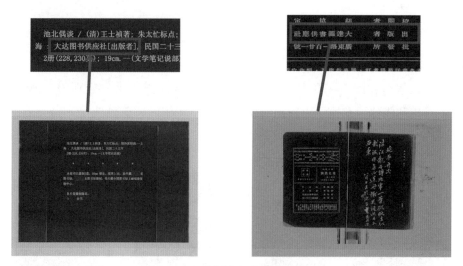

图 14-18　出版责任方式摘录错误

14.1.3.3　不一致的印刷机构摘录

问题解析：图 14-19 中，该文献是一种重新印刷文献，印刷机构与出版机构不一致，人民教育出版社于 1957 年出版此文献，北京外文印刷厂于 1959 年 4 月第 14 次印刷此文献。应摘录当前的出版机构后，将印刷机构及印刷时间摘录在 210g 和 210h 字段，在著录标板中出版年后及附注项位置显示。

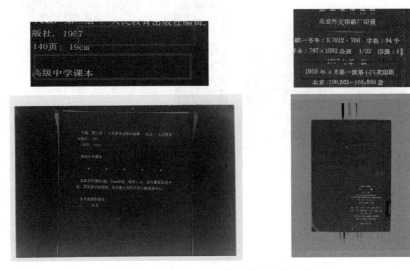

图 14-19　重刊文献未摘录先前出版机构

14.1.4　出版地

14.1.4.1　出版地未紧随出版机构摘录

问题解析：图 14-20 中，出版机构左侧有 4 个发行地，分别为上海、重庆、汉口和成都，在摘录出版地时应摘录为"上海…［等］"。

图 14-20　出版地未摘录出版机构附近的地址信息

14.1.4.2　推测或未知出版地摘录不准确

根据版权页，发行人王云五的地址可明确判断为长沙，但发行所商务印书馆的地址为各埠，不能直接借用发行人的地址为出版机构的出版地。查阅档案资料得知，商务印书馆于 1897 年在上海成立，1904 年、1914 年、1915 年分别在长沙、衡阳、常德设立分馆。"七七事变"后，商务印书馆总管理处撤至长沙，并在 1937—1941 年以"长沙商务印书馆"的名义推出了众多图书。此后，1941 年迁至重庆，1946 年迁回上海，1954 年迁到北京。结合该书版权页的"民国二十九年"，可基本判断出版地是长沙。但是在质检过程中依照原书数据原则，不能直接摘录为长沙，更不能推测为上海或其他，依据推测摘录为"［长沙］"较为准确。

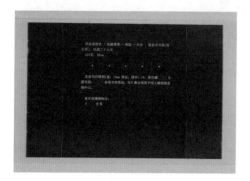

图 14-21　出版地无明确出处

14.1.4.3 未借用版本内的出版地

问题解析：图 14-22 中，版本内有"渝一版"的字样，在摘录"渝 1 版"为版本项的同时，摘录渝为出版地，即出版地为"重庆"。此处再摘录商务印书馆的通常位置"上海"就不合时宜了。

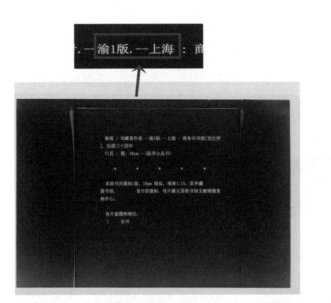

图 14-22　未借用版本内的出版地

14.1.5　出版年

14.1.5.1　出版年摘录位置错误

问题解析：图 14-23 中，版权页有出版年信息"民国二十五年三月"，但是著录标板摘录为封面处的"民国二十四年二月"。出版日期应根据版权页摘录，此错误修改数据即可。

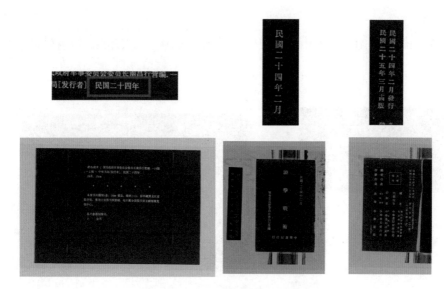

图 14-23　出版年摘录位置错误

14.1.5.2　出版年未逐字摘录

问题解析：图 14-24 中，版权页出版年为"民国廿二年四月"，而著录标板摘录为"民国 22"。原件中的"廿""卅"等应原封摘录，无须转换。

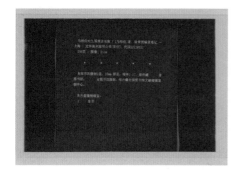

图 14-24　出版年未原字摘录

14.1.5.3　非公元纪年未转换

问题解析：图 14-25 中，出版年信息为"民国二十五年"，没有转换为公元纪年。

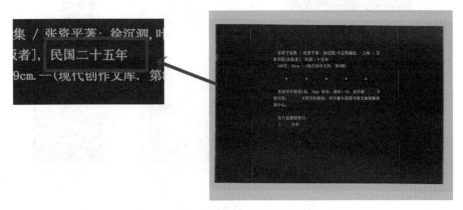

图 14-25　非公元纪年未转换为公元纪年

14.1.5.4　推测或未知出版年摘录不准确

问题解析：图 14-26 中，根据文献的出版状态可以推测该文献确实为民国时期出版，摘录为"［出版时间不详］"不是很准确，应摘录为"［1911？ - 1949？］"。

图 14-26　推测的出版年不准确

14.1.6　版本

问题解析：图 14-27 中，版本应为"清末民初驾说轩朱丝栏抄本"，在制作标板过程中打乱了文字顺序，应补拍。

图 14-27　数转模版本抄录错误

问题解析：图 14-28 中，版本数据根据版权页应为"3 版"，但在著录标板中未摘录，估计为漏摘录，应修改数据。

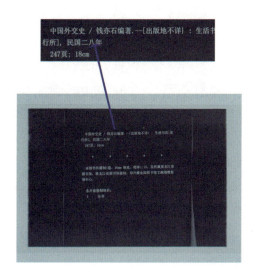
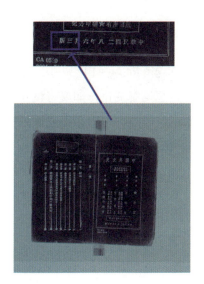

图 14-28　版本数据未摘录

14.1.7　丛书项

问题解析：图 14-29 中，文献封面处有丛书项信息"小学教员检定丛刊"，但是在著录标板的附注项位置未体现。此为丛书项漏摘录，需在数据库系统补充数据。

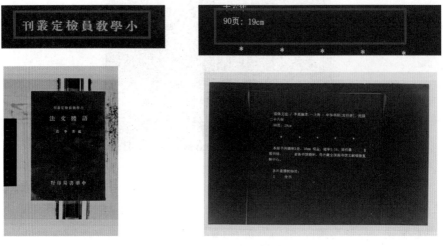

图 14-29　丛书项漏摘录

14.1.8　附注项

问题解析：图 14-30 中，该文献为 4 册系列图书，但每册的责任者、出版年等信息均有变化，如要将该 4 册书作为系列文献以一个号段拍摄，则需要将每册的责任者、出版年信息摘录在附注项，并在 306 等字段注明，使元数据信息完整有序。

如，将以下信息摘录在各册信息或附注项中：

第一卷，传染病 / 新陈代谢病 / 运动疾病 / 小泽修造著，吴祥凤、寒先器、姚鸿耆共译，汤而和校译 .- 昭和十五年 .-372 页 .

第二卷，呼吸器疾病 / 原昌治著，寒先器翻译，汤而和校译 .- 昭和九年 .-278 页 .

第三卷，消化器病 / 南大曹著，寒先器、姚鸿耆共译，汤而和校译 .- 昭和十年 .-439 页 .

第四卷上，循环器病总论/小宫悦造、美甘义夫共著，寨先器翻译．－昭和十一年．－437 页．

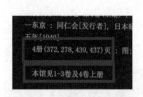

图 14-30　附注项信息摘录不完善

14.1.9　缺失

14.1.9.1　缺失未摘录

问题解析：图 14-31 中，数转模接续标板应该要显示缺失信息。该图文献缺失"卷 1- 卷 4"，但在题名标板内没有相关信息。对于有缺失信息的应在题名后摘录缺失信息或现存信息，保证内容的完整性和连续性。数转模未在题名体现缺失的，应重新制作标板，补拍处理。

图 14-31　缺失信息未体现

14.1.9.2　缺失摘录错误

问题解析：图 14-32 中，报纸的缺失信息［"缺：2 月 14 日（第 3 版）"］摘录在了所有分卷的下面，应该摘录在缺失分卷的下方。

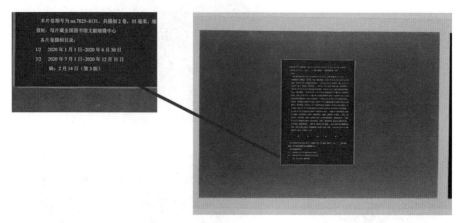

图 14-32　缺失信息书写位置有误

14.1.10　细目

问题解析：图 14-33 中，10 月的报纸应有 31 日，而细目中为 30 日，摘录错误。这种情况需要在摘录完后和整理清单比对，减少错误。该种错误应补拍处理。

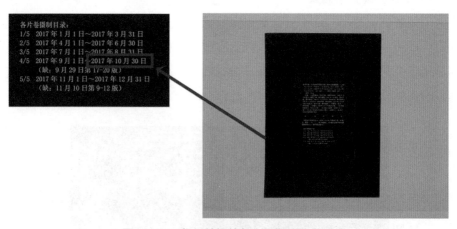

图 14-33　报纸拍摄的起止日期信息有误

14.1.11　缩率

问题解析：图 14-34 中，传统拍摄未在封面处放置缩率尺，未放置缩微尺不利于后期的放大还原，检查时也无法确定是否是按照给定的缩率拍摄的，需要补拍处理。

图 14-34　缩率尺未放置

14.1.12　拍摄信息

问题解析：图 14-35 中，该年度的报纸应该拍摄 2 卷，错误摘录为 1 卷，此种错误应补拍。

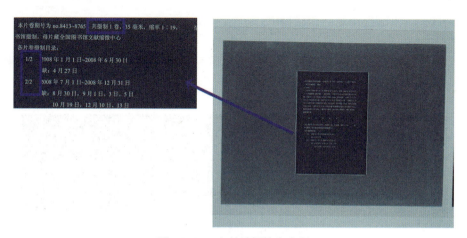

图 14-35　文献拍摄信息有误

14.1.13 页码清点

问题解析：图 14-36 中，封面和封里应清点为"2"，而不是封面清点为"2"。这是前整理人员的个人清点偏好所致，虽对拍数的计算影响不大，但应规范页码的清点规则，避免质检人员根据页面清点信息质检时产生歧义。

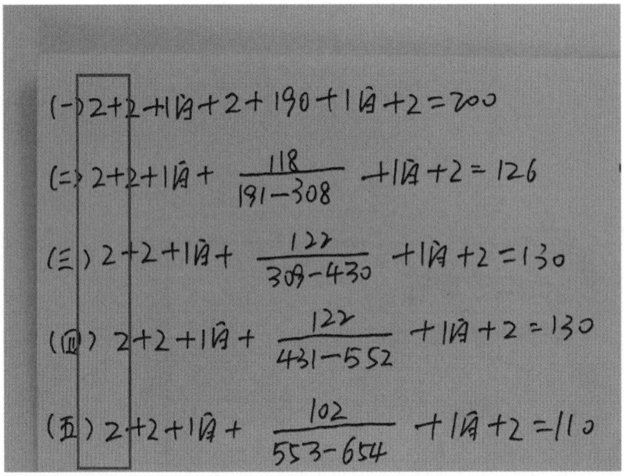

$$(一)\ 2+2+1面+2+190+1面+2=200$$

$$(二)\ 2+2+1面+\frac{118}{191-308}+1面+2=126$$

$$(三)\ 2+2+1面+\frac{122}{309-430}+1面+2=130$$

$$(四)\ 2+2+1面+\frac{122}{431-552}+1面+2=130$$

$$(五)\ 2+2+1面+\frac{102}{553-654}+1面+2=110$$

图 14-36　页码清点有误

14.2　标板制作

14.2.1　片盘代号打印错误

问题解析：图 14-37 中，该片卷有 2 卷，在制作标板时将分卷号设置错误，应为"2：1"，需重新制作标板后补拍。

图 14-37　分卷号制作错误

14.2.2　题名标板

14.2.2.1　题名打印错误

问题解析：图14-38中，根据著录标板和正文信息可以判断题名标板中的题名"颜真卿书法范本"打印错误，应为"柳公权书法范本"。此种情况应重新制作数据和标板后补拍。

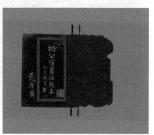

图14-38　题名标板打印错误

问题解析：图14-39中，数转模单分卷时，题名标板不必打印出细目信息，在接续标板上摘录即可。

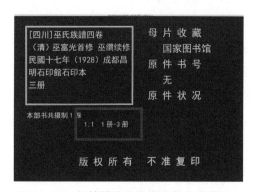

图14-39　数转模单分卷的可省略分卷细目

14.2.2.2　责任者打印错误

问题解析：图14-40中，著录标板责任者"福楼拜"和题名标板中的责任者"福拜楼"不一致，而书名页为"福楼拜"，因此是题名标板中责任者打印错误，应补拍处理。

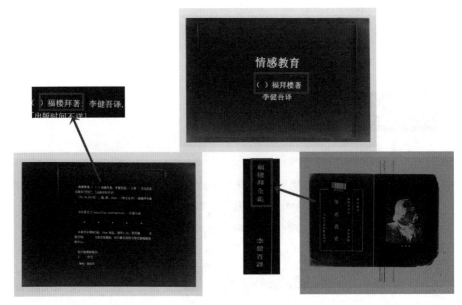

图 14-40　责任者打印错误

14.2.3　著录标板

14.2.3.1　报纸继承关系未摘录

问题解析：图 14-41 中，根据附注信息可以判断该报纸有中断或变更报名的可能，但著录标板却未摘录。详细考证后，得知该报于 1958 年 7 月 1 日继承《烟台劳动报》，1958 年 10 月 10 日休刊，1958 年 10 月 15 日重刊且期号另起，1958 年 10 月 10 日分出《劳动日报》，1962 年 4 月 3 日改为《烟台大众》，1962 年至 1972 年陆续改名出版《烟台大众》《烟台工人报》《红新闻》《烟台红卫报》《新华社电讯》《新烟台报》，1972 年 1 月 1 日改回《烟台日报》。此类报纸文献更名信息比较复杂，需要前整理人员格外注意，如不将该报纸前后的继承关系捋顺，将不利于文献的前后联动和合璧。

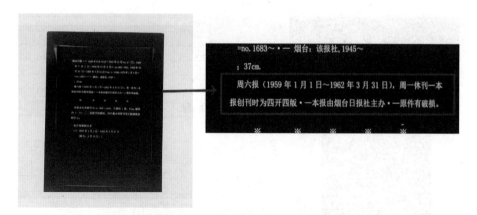

图 14-41　报纸继承关系未摘录

14.2.3.2　报纸编号系统摘录不准确

问题解析：图 14-42 中，著录标板上的报纸拍摄期号的起止数字"3651~13794"有误，应按照片卷拍摄的实际内容进行填写，为：3651~3794。该种错误应更改数据后补拍。

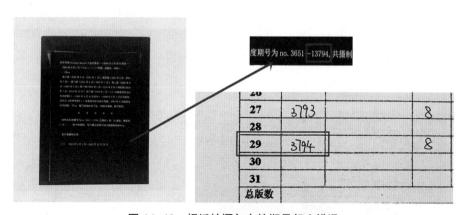

图 14-42　报纸拍摄年内的期号起止错误

14.2.3.3　报纸缺失未摘录

问题解析：图 14-43 中，在著录标板下方的各片卷细目下，未摘录缺失信息"4 月 29 日；6 月 30 日"，需要修改数据后补拍处理。

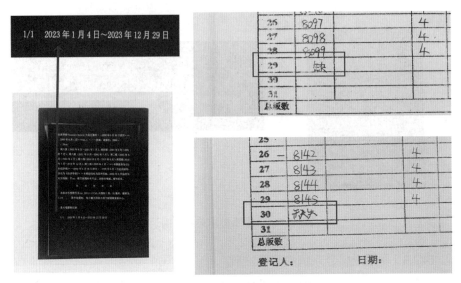

图 14-43　报纸缺失信息未摘录

14.2.4　分割标板

问题解析：图 14-44 中，一盘胶片拍摄 2 年报纸时，分割标板应放置年份和月份。这类错误不利于胶片内容的检索，应按照一个片卷内拍摄文献的多寡放置恰当的分割标板。

图 14-44　报纸分割标板字符放置错误

14.2.5　接续标板

14.2.5.1　接续字符错误

问题解析：图 14-45 中，"3：3"代表该种文献已拍摄完毕，接续标板应为"本部书完"的字符。此种错误应修改标板后补拍。

图 14-45　接续标板字符错误

14.2.5.2　片卷含信息错误

问题解析：图 14-46 中，二十四史包含 24 种文献，每种文献卷次又重新编号，因此在摘录每一分卷细目时应使起止信息包含相应的文献名称。如图 14-46 中，第 5 片卷"三国志魏志卷首 – 卷 15"，粗略看应该是魏志的卷 15，但根据整理清单是"晋书卷 15"，因此需要重做数据后补拍处理。在质检超多分卷的胶片时，应首先检查分卷细目是否正确和严谨，避免出错后的大批量补片。

分卷号	内　　　　　　容	米数	拍数
1	史记卷首-卷90	23	593
2	卷91-前汉书卷30	22	567
3	卷31-后汉书卷10下	23	612
4	卷11-120	24	639
5	三国志魏志卷首-晋书卷15	21	539

（表头：各片卷摄制细目）

图 14-46　片卷含信息表述不清

问题解析：图 14-47 中，片卷含信息与题名不符，题名为"六卷首一卷"，而接续标板中的片卷含为"卷首 – 首一卷"，存在明显错误，应为"卷首 – 卷 6"。此种错误应修改数据后补拍处理。

图 14-47　数转模接续标板片卷含标识不清楚

14.2.6　缺失标板

问题解析：图 14-48 中，相邻的 2 页影像分别是 2022 年 4 月 19 日和 4 月 21 日，检查得知 4 月 20 日并未缺失，因此是未放置缺失标板。未放置缺失标板的需要补拍处理。

图 14-48　报纸缺失标板未放置

14.3　编组卷

14.3.1　传统拍摄编组卷

14.3.1.1　横竖版混合组卷

问题解析：图 14-49 中，该片卷编排了 5 种文献，前 3 种为横版文献，后两种为竖版文献，一般为在批次文献的最后，只剩下零散的若干种不同规格文献，允许此种组卷方式。

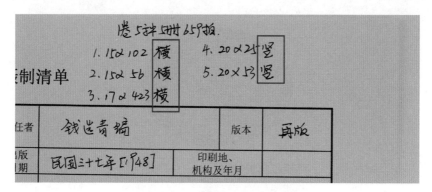

图 14-49 横竖版文献混合组卷

14.3.1.2 不同缩率交叉组卷

问题解析：图 14-50 中，第 2 种文献是 17 倍缩率，放在了 15 倍和 16 倍之间，造成几种不同缩率的文献交叉组卷。一般是按照从小到大的顺序组卷，以避免缩率混编过于严重，导致拍摄人员在拍摄时反复调整缩率，进而容易引发拍摄缩率错误影响拍摄进程。

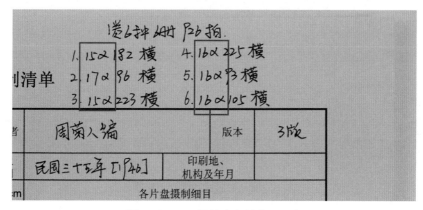

图 14-50 不同缩率文献交叉组卷

14.3.1.3 超多变光

问题解析：图 14-51 中，超多变光的胶片其最外侧已超出片盘边缘，不符合相关标准的胶片外侧应低于片盘边缘 3mm 要求。这种情况不利于胶片的入库和收藏，需要拍摄人员根据文献页面情况妥善变光，尽量使用综合曝光完成拍摄。此种情况应补拍处理。

图 14-51　超多变光造成的胶片爆出

14.3.2　数转模编组卷

14.3.2.1　拍数计算错误

问题解析：图 14-52 中，数转模的实际拍数"643"与规定的算法拍数"638"有差异，导致每种文献拍数都多算若干拍。在计算拍数时，应严格按照标准的拍数计算公式计算拍数，避免随意更改计算规则。

册次	卷次	叶数	文件号	分卷、画幅	备注	
1册	卷首-卷二	130		4:1	总拍数:676	实际拍数:643 米数:30;
2册	卷三-卷五	97				
3册	卷六-卷八	106				
4册	卷九-卷十一	87				
5册	卷十二-卷十四	100				
6册	卷十五-卷十七	102				

图 14-52　数转模拍数计算错误

14.3.2.2　超多图像组卷

问题解析：图 14-53 中，该数转模文献的一个文件夹内有 923 个图像，按照正常的组卷规则，一盘胶片仅能容纳 650 个图像左右，且圉于数转模文献一个文件夹内的图像不分开拍摄，如欲强行将此 923 个图像组为一卷，则势必会导致超长卷接头或者胶片爆出片盘边缘的情况。因此，选择将该文件夹的图像分为两部分拍摄，在接续标板内写明起止信息。

分卷号	内　　　　　容	米数	拍数
	各片卷摄制细目		
1	卷首-卷十七	30	638
2	卷十八-卷二十第56叶	30	641
3	卷二十第57叶-卷二十九	27	594
4	卷三十一-卷三十	26	566

1册	卷首-卷二	130		4:1	总拍数:676　实际拍数:638　米数:30;
2册	卷三-卷五	97			
3册	卷六-卷八	106			
4册	卷九-卷十一	87			
5册	卷十二-卷十四	100			
6册	卷十五-卷十七	102			
7册	卷十八-卷二十第56叶	630		4:2	总拍数:679　实际拍数:641　米数:30;图像1-630
	卷二十第57叶-卷二十一	293		4:3	总拍数:632　实际拍数:594　米数:27;
8册	卷二十二-卷二十三	89			
9册	卷二十四-卷二十六	100			
10册	卷二十七-卷二十九	112			
11册	卷三十一-卷三十二	113		4:4	总拍数：604　实际拍数:566　米数:26;
12册	卷三十三-卷三十六	111			
13册	卷三十七-卷三十九	97			
14册	卷四十一-卷四十二	115			
15册	卷四十三-卷四十五	115			

图 14-53　超多图像分割组卷

15　缩微原底片拍摄质量图谱

15.1　清晰度

15.1.1　解像力

问题解析：图15-1中，ISO 2号测试图中空间频率读数"8"对应的横黑白线对的最下方线条已无法区分开，而左侧的竖黑白线对5条都无法区分开，则可判定解像力不符合要求，需要在检修机器的基础上补拍对应文献。根据实际工作经验，传统拍摄中拍照机的解像力性能比较稳定，不会出现明显的下降情况，而数转模胶片中解像力数值会下降比较频繁，需要定期检测。

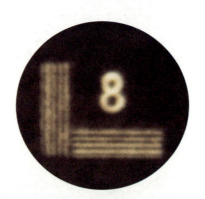

图 15-1　数转模解像力不合格

日常拍摄中常见的解像力不合格的情况有两种：

（1）第一种情况是ISO 2号测试图达到标准规定读数，四角ISO 2号测试图达不到标准规定读数或相反。若中央解像力值合格，而四角解像力相差很多，往往是由于拍照机机头吸片机构漏气造成。相反，若胶片画幅四角恰巧在焦平面上，则四角解像力值合格，中央解像力值不合格。发生此类情况需要检查拍照机吸气装置，并更换破损胶皮管。

（2）第二种情况为四角 ISO 2 号测试图在可分辨最小读数组中，横线可分辨但竖线模糊不可分辨，或者情况相反。这是光学系统的物理条件所导致的，主要原因是像散问题。一般需要调整物距，即左右拉动稿台下边的拉链以升降稿台，便可解决该问题，而不轻易调镜头焦距[①]。

15.1.2　密度

15.1.2.1　密度低

问题解析：图 15-2 中，数转模文献右侧影像页面密度低于标准要求。造成此种情况的原因是曝光量太低或时长不足，也可能是机械故障。对于突发性密度下降且有较清晰界限的情况，应在检查设备的基础上补拍。

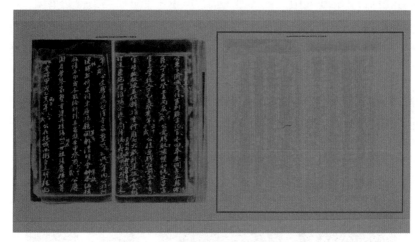

图 15-2　数转模文献密度突然变低

15.1.2.2　密度高

问题解析：图 15-3 中，右侧页面密度高于标准要求，使文字线条内部也沉积较多银颗粒，造成页面阅读效果不佳。部分铜版纸等页面表面光滑，反光度较高，在拍摄时需调节为比正常页面较低的电压，否则会造成密度较高的情况。

---

① 肖建萍,金雁.缩微胶片解像力的探讨[J].数字与缩微影像,2005(3):37-38.

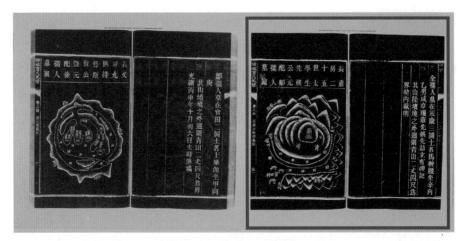

图 15-3　影像正文密度高

问题解析：图 15-4 中，数转模 3 拍影像中 3 个页面均为变光页面，需要变光是因为影像（a）为照顾左侧页面中的图章，影像（b）是为照顾右侧页面中的图章，影像（c）是为照顾左侧正文文字。但影像（a）变光过度，导致页面密度太高，失去变光的意义；影像（c）中的图章已比较清晰，无需再次变光。对于此种情况应在正式拍摄之前做好不同背景颜色的试片，把握曝光电压，避免类似问题。

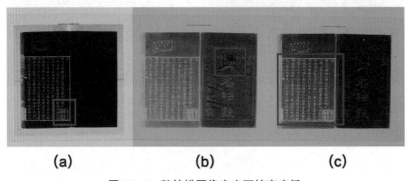

(a)　　　　　　**(b)**　　　　　　**(c)**

图 15-4　数转模图像变光不够密度低

15.1.2.3　花书

问题解析：图 15-5 中，原书页面污损严重，导致页面带有一定的颜色。在黑白数转模拍摄中，这类情况不易达到预定的密度值，会造成页面相应文字信息丢失，在后续拷贝还原中会丢失更多信息。

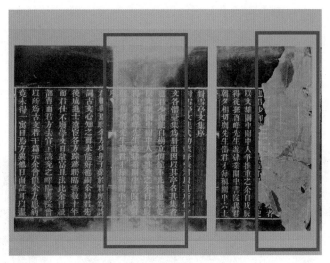

图 15-5　污损颜色深使密度低

　　问题解析：图 15-6 中，影像各部分密度差别较大，是因为该文献有严重的水渍等问题，使得页面各处颜色不一，遇到此种情况，使用综合曝光法无法照顾到所有部分，密度差会超过标准要求。因此需要采取变光法拍摄，使各部分密度控制在要求内，并符合密度差的要求。

图 15-6　水渍使密度低

15.1.2.4 原件深色背景

问题解析：图 15-7 中，该报纸影像中的左侧页面有部分影像为白底黑字，这是因为原件为深色背景浅色字体。这种情况下，如果密度较低，部分有颜色的字就无法显现出来，因此需要变光处理，变光到可以看到字形线条，否则需要补拍。

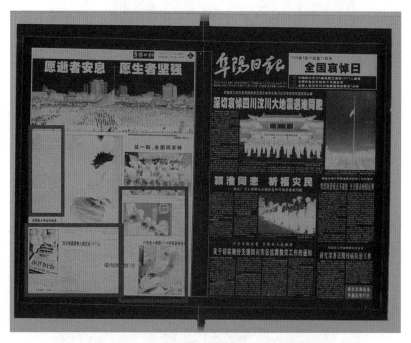

图 15-7　深色背景导致内容文字无法显现

15.1.3 虚拍

15.1.3.1 虚拍

问题解析：图 15-8 中，影像明显拖影，两侧文字拖影最严重，且前后页面影像无此现象，基本可以判断为虚拍。虚拍一般为翻动书页过快导致，虚拍应补拍。

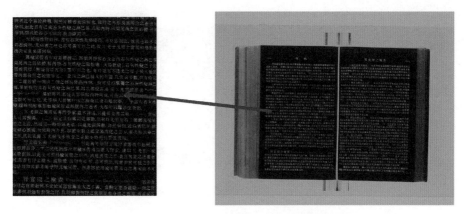

图 15-8　传统拍摄中页面虚拍

15.1.3.2　印刷模糊

问题解析：图 15-9 中，影像字迹模糊，查阅原件后可判断是原件印刷模糊导致。此种情况需要在前整理时予以注意，选择印刷清晰的版本拍摄，无替代品的应在附注项注明原件情况。

图 15-9　原件印刷模糊导致字迹不清

15.1.3.3　油墨互印

问题解析：图 15-10 中，影像文字上有其他文字的阴影，查阅原件后可判断是原件中前后页面的文字油墨互印。此种情况需要在拍摄时注意并适当降低密度要求，扩大正文文字和其他部分的反差。

图 15–10　原件前后页面文字油墨互印

15.1.3.4　彩色文字印刷

问题解析：图 15–11 中，影像文字与虚拍类似，但查阅原件后发现原件文字为淡蓝色，黑白缩微拍摄中彩色字体不易显现效果，文字线条断断续续。此种情况在草纸印刷、钢笔抄写，以及因原件潮湿出现洇字时比较容易发生，应核对原件后附注说明。

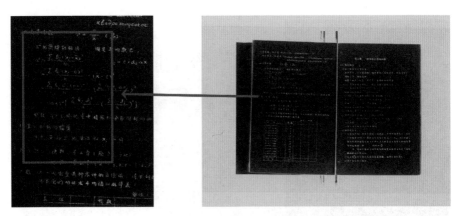

图 15–11　原件文字洇字

15.1.4　透字

问题解析：图 15–12 中，影像文字存在其他文字阴影，查阅原件后发现原件为蝴蝶装，且纸张较为轻薄，能够透出下层文字。此种情况也需要降低密度要求，增大正文文字和其他文字的反差。

图 15-12　原件文字透字

15.2　完整度

15.2.1　漏拍

问题解析：图 15-13 中，根据整理清单，在正文之前有"2+2"，说明除封面外还有其他页面，查阅原书得知是书名页漏拍。这是因为拍摄翻页时纸张粘连等造成的，此种情况需要补拍。

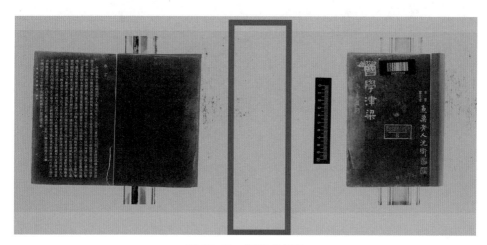

图 15-13　漏拍书名页

问题解析：图 15-14 中，数转模拍摄中影像丢失，可能是拍摄时图像还未加载完全，也可能是原图像损毁，此类情况均需补拍处理。

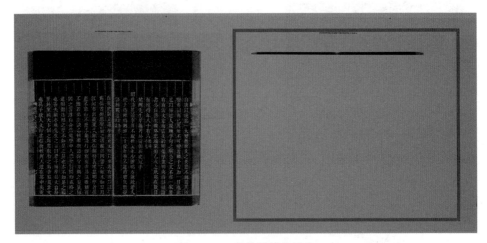

图 15-14　数转模影像缺失

15.2.2　重拍

问题解析：图 15-15 中，两侧的画幅影像一致，且无变光的效果，判断为重拍，重拍超过一定的拍数比例需要补拍处理。

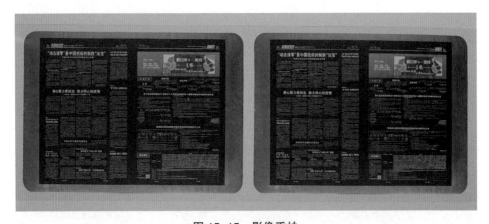

图 15-15　影像重拍

15.2.3　夹字

问题解析：图 15-16 中，影像页面中缝处夹字现象比较严重，中缝处的几列文字已不可见，略微残存部分字形。此种情况多见于装订较厚的文献，且中缝装订较紧。一般情况下缺失信息较多的应补拍，但无法进一步技术处理原文件的物理状态时，应在附注注明。

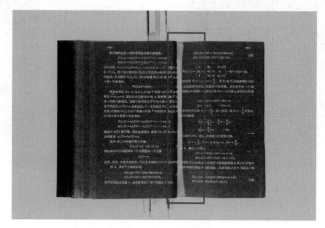

图 15–16　页面夹字

15.2.4　漏字

问题解析：图 15–17 中，因文献内夹带有其他单张页面，在拍摄时未将其整理好，导致单张页面文字露出；或因页面破损导致破损处文字丢失，而露出下层页面文字，这两种情况都需要补拍处理。

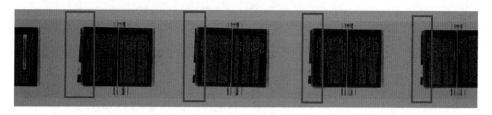

图 15–17　漏字

15.2.5　分幅拍摄

问题解析：图 15–18 中，页面为一张较大的地图和图表，在分幅拍摄时，未将折缝处展开拍摄一拍，折缝部位未重叠，需要补拍处理。

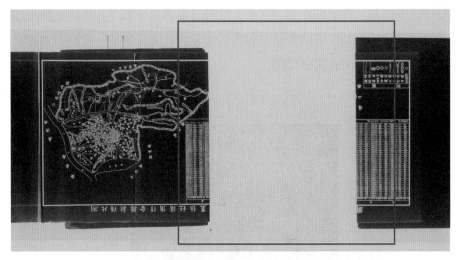

图 15-18　分幅拍摄不合格

15.2.6　页面颠倒

问题解析：图 15-19 中，数转模影像中页面上下颠倒，这是因为根据文献横竖版印刷的不同，需要从不同的方向拍摄。针对这种情况，拍摄时需要点选反转选项进行拍摄。图 15-20 中，传统拍摄的两页文献页面上下颠倒，是因为文献在装订时页面倒置，因此拍摄时需要遮挡拍摄，以便将倒置页面捋顺。

图 15-19　数转模文献未点选旋转参数导致的页面颠倒

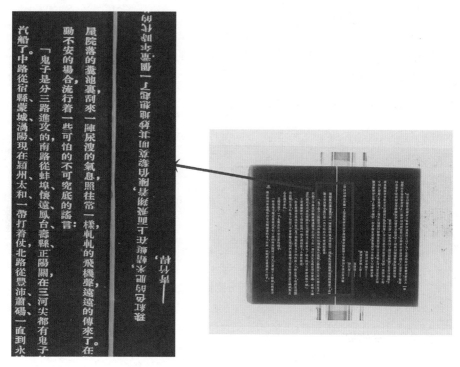

图 15-20 传统拍摄中装订反导致的页面颠倒

问题解析：图 15-21 中，可明显判断该文献为竖版文献，其影像第一叶应在封面左侧。在检查时会遇到影像页码不连贯的情况，这是因为将竖版书按横版文献拍摄方式拍摄。正确的拍摄方式是竖版文献影像从右向左拍摄，横版从左向右拍摄。此种情况应补拍处理。另外，检查少数民族语言胶片时，应注意印刷和书写方向，防止页码错误。

图 15-21 竖版书拍成横版

15.2.7　标板放置

问题解析：图 15–22 中，在期刊分割标板的前面已有下一期文献的内容，而分割标板后面也有上一期文献的内容。这是因为拍摄合订本的文献时未遮挡拍摄，即分档不当，需要补拍处理。

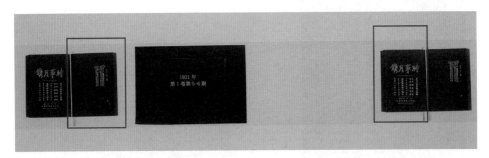

图 15–22　期刊分割标板放置错误

15.2.8　未拍完

问题解析：图 15–23 中，数转模影像最左侧缺少封底，明显是未加载完，此种情况需要整册全部补拍。

图 15–23　文献未加载完

15.2.9　画幅重叠

问题解析：图 15–24 中，因机器故障导致画幅重叠，此种情况可能是过片滚轴松动等原因造成的，需检修机器后补拍处理。影像重叠的画幅在后期的胶片数字化扫描中不利于图像边框的识别，将导致扫描失败。

图 15-24　画幅重叠

15.2.10　缩率错误

问题解析：图 15-25 中，前后页面的大小明显不一致，可能是因为拍摄时改变了缩率，需补拍处理。

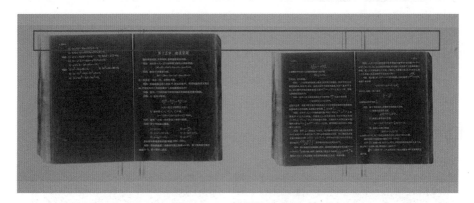

图 15-25　拍摄缩率变换

15.3 美观度

15.3.1 曝光

15.3.1.1 片头尾曝光

问题解析：图15-26中，片头标板曝光，影响相关图形符号的完整性。出现此类情况是因为在上卷后拉片不足，在拍摄机和冲洗机之间转移胶片时曝光，可通过对每台拍摄机测算拉片的次数和幅度等保留适当的片头尾以保证正文内容。

图 15-26　片头曝光

15.3.1.2 影像内部曝光

问题解析：图15-27中，影像正文有间隔的竖条状曝光，严重影响正文页面的文字内容，可能是在冲洗过程中打开冲洗机盖子造成的。该种情况需要补拍处理。

图 15-27　影像内部曝光

　　问题解析：图 15-28 中，影像右下角有白色阴影，可能是此角灯泡变暗，欠曝光造成的。这种情况，严重的需要补拍。

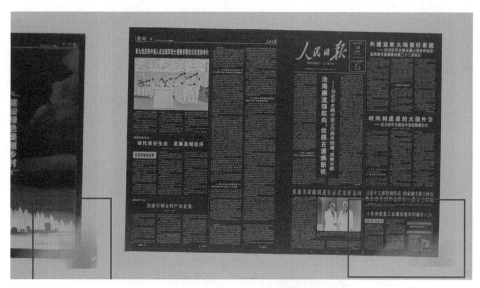

图 15-28　影像内阴影

15.3.1.3　边缘曝光

　　问题解析：图 15-29 中，胶片边缘有黑色的曝光线条，因为是黑色的曝光，说明是在显影之前就已曝光。这种情况可能是拍照机暗盒或冲洗的暗盒密封性不足导致的，可检查这两个部件是否性能良好，及时修理和更换后补片处理。

图 15-29　边缘曝光

15.3.2　异物

15.3.2.1　手指和侧光头

问题解析：图 15-30 中，影像内部有手部影像，是因为在踩下快门时手部未及时撤离造成的。为避免此类情况，在拍摄时必须建立良好的习惯，严格遵守拍摄流程，避免拍摄视野内存在其他不相关的物品。

图 15-30　手指进入页面内部

15.3.2.2　顶灯

问题解析：图 15-31 中，标板周围有若干边缘不规则黑色影像，这是因为拍摄时房间内顶灯未关闭，从而在拍照时稿台反光成像。因此摄制人员在拍照时，必须保持室内只有拍照机的光源，其他光源务必关闭。

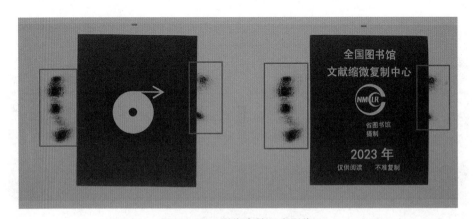

图 15-31　影像内的反光影像

15.3.2.3 纸屑 / 墨迹

问题解析：图 15-32 中，胶片上粘连有碎屑，碎屑可随胶片的转动而移动，甚至可能移动到影像正文位置，质检人员应使用吹气皮囊吹拂或干净手套轻拭掉，处理不掉且影响正文文字的应补拍处理。

图 15-32　胶片粘连碎屑

问题解析：图 15-33 中，胶片影像内固定位置有规则一致的圆圈类异物，且存在遮挡正文文字内容的可能。这是数转模拍照机内部显示屏上掉落异物所致，需要在清洁显示屏的基础上补拍处理。

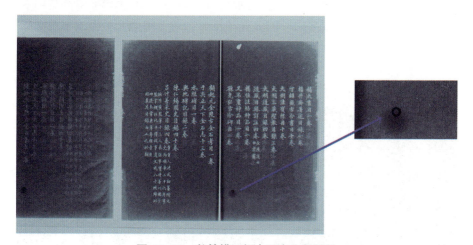

图 15-33　数转模画幅内固定位置圆圈

15.3.3 画幅

15.3.3.1 画幅歪斜

问题解析：图 15-34 中，明显看出画幅上侧的两个角一高一低，即画幅歪斜，可以判定是拍摄时原件放置倾斜导致。

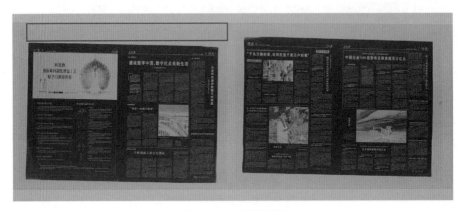

图 15-34 画幅歪斜

15.3.3.2 影像上下不居中

问题解析：图 15-35 中，胶片上边缘比下边缘有更多留白，即影像上下不居中。此种情况，一是文献放置位置偏离预设位置，二是拍摄缩率选择偏大或制作标板尺寸不符合预定要求。因此在拍摄时，应严格遵照拍摄缩率及文献放置位置。

图 15-35 影像上下不居中

15.3.3.3　宽窄画幅

问题解析：图 15–36 中，上下两图的画幅宽度不同，这是因为数转模拍摄中采用变缩率拍摄以适应不同数字图像的大小，导致画幅的长度不一。在前整理时应关注图像的大小，以便更合理地编组卷。

图 15–36　宽窄画幅对比图

问题解析：图 15–37 中，显示了单画幅 1B 的拍摄方式。缩微拍摄时，偶尔会遇到单画幅的情况，在数转模拍摄时，也会有横向的单画幅文件，一般不做旋转处理，直接拍摄即可。传统拍摄时，有时根据原件的情况选择 1B 或 1A 的方式拍摄。虽然现在不常见，但也需要拍摄人员和质检人员梳理掌握特殊情况的拍摄方式。

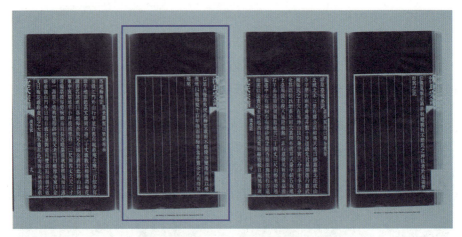

图 15-37　数转模单画幅

15.3.4　空拍

问题解析：图 15-38 中，数转模两册文献之间未空拍，与拍摄标准要求不一致，不仅影响胶片的美观度，而且使影像未正确分档。严重时，当一册需要补拍时，另一册也需要补拍。

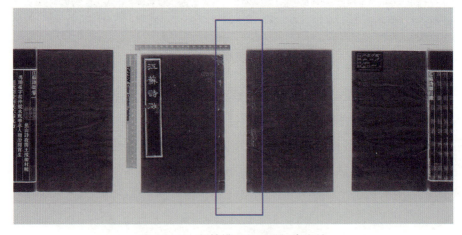

图 15-38　数转模两册文献间未空拍

问题解析：图 15-39 中，文献结束正文拍摄时应拍摄一空拍与片尾间隔，一是区分文献单元，二是防止需要补片时补拍较多画幅。

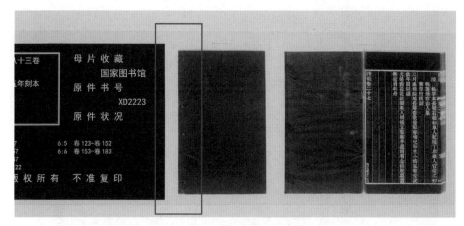

图 15-39　数转模片尾无空拍

问题解析：图 15-40 中，两种文献的片尾和片头连在一起，这是拍摄时未拉片造成的。该情况不利于后期的拷贝处理，应补拍。

图 15-40　两种文献间未空拍

15.3.5　极性

问题解析：图 15-41 中，胶片为正片，即白底黑字。在缩微原底片中，除原件为黑底白字时拍摄为白底黑字外，均为负片。遇到正像的图像应及时查看原件，否则拍成正片的胶片需要补拍。

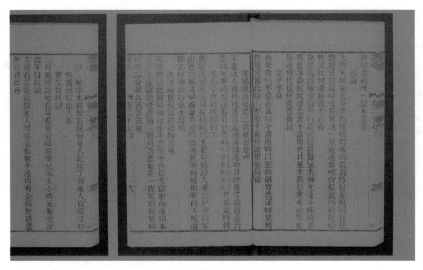

图 15-41　数转模拍成正片

15.3.6　卷边

问题解析：图 15-42 中，胶片边缘卷曲或褶皱，这是胶片被暴力扯拉导致的胶片边缘变形卷曲。此种胶片不宜进行长期保存，应补拍处理。

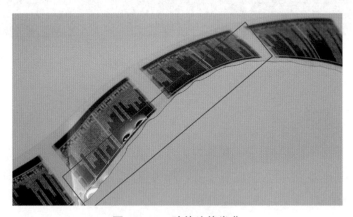

图 15-42　胶片边缘卷曲

15.3.7　片间距不匀

问题解析：图 15-43 中，画幅片间距不匀，可能是拍摄时过片滚轴松动导致走片步长不一致所致，应在检修设备无问题的基础上补拍。

图 15-43　胶片片间距不匀

15.3.8　稿台背景

问题解析：图 15-44 中，图右侧中影像边缘是灰色背景，这是因为稿台是白色背景。这样的胶片虽符合质量要求，但是灰色背景影响正文的视觉感受力，且灰色背景也不方便接片，因此宜更换为黑色背景的稿台。图左侧的正文影像四周有较浅的阴影，这实际是摄影机镜头口径的大小，再两侧是片间距，因此相邻两个影像距离较远，比较美观，发生补片时也利于切片。此外，选择白色稿台虽使原底片影像画幅间隔距离降低，但更易使胶片在扫描中识别画幅，以及在读者服务中给读者以更好的体验。这是因为该种胶片的第三代拷贝片转换为白底黑字，原底片中的黑色片边距变为白色。

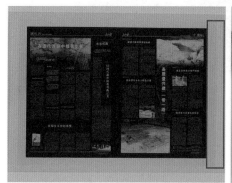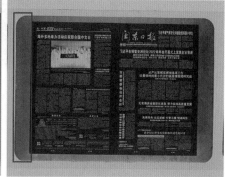

图 15-44　白色稿台和黑色稿台成片示意图

问题解析：图 15-45 中，结束标识四周留白较多，与影像正文形成鲜明对比。这是因为稿台是黑色背景，而拍摄时也未将结束标识放置在白色标板上，导致整体十分不美观，因此拍摄时应将结束标识粘贴在白色标板上防止遗忘。

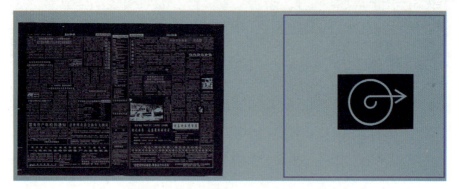

图 15-45　结束标识放在黑板上拍摄

问题解析：图 15-46 中，正文影像周围有不规则磨砂状异物，这是稿台长时间使用磨损所致，应及时更换磨损的稿台，减少因不必要的影像而影响胶片的美观度。

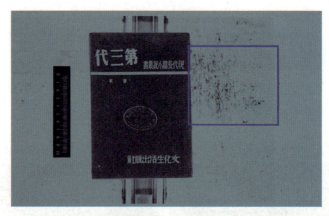

图 15-46　稿台脏污

15.3.9　字符

问题解析：图 15-47 中，片盘代号后三位字符颜色变浅，这主要是由于使用过程中磨损严重造成的，应及时更换新字符或打印整条片盘代号以方便使用。

图 15-47 字符模糊

问题解析：中国国家图书馆的前身是 1909 年 9 月 9 日筹建的京师图书馆，1949 年新中国成立后更名为北京图书馆，1998 年 12 月 12 日经国务院批准，北京图书馆再次更名为国家图书馆。1986 年缩微中心成立后，国家图书馆作为首批成员馆开始缩微工作，此时摄制机构标板注为未更名前的"北京图书馆"。但 1998 年后随着机构的发展和变迁，名称也随之改变，摄制机构标板上的字符理应更换为"国家图书馆"。但因摄制工作惯性和质检时的"真相幻觉效应"，使质检人员面对重复的标板字符，即使出现了个别错误也会下意识认为是正确的或直接略过，这是造成该差错近 10 年未被发现的根本原因，见图 15-48。此类差错虽不影响胶片正文内容和文字的理解，但应避免。

图 15-48 摄制机构名称变更未及时更换

16 缩微原底片冲洗质量图谱

16.1 水渍

问题解析：图 16-1 中，胶片上有不规则印迹，对光折射后清晰可见，类似于水滴干透后的印迹，即水渍。水渍一般为冲洗及烘干不彻底，需要再次水洗去除印迹，水洗去除不掉的，应补拍处理。

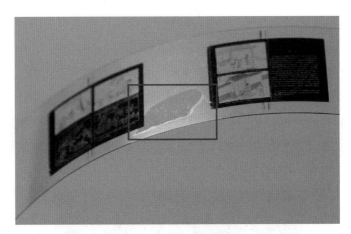

图 16-1 胶片残留水渍

16.2 药渍或药渣

问题解析：图 16-2 中，在胶片正文部位有带颜色的水渍类异物，影响到正文文字，这是残留的药渍。有些个别的颗粒状药渍可轻拭擦除，大量的药渍需要过水冲洗去除，去除不掉的应补拍处理。

图 16-2　冲洗后残留的药渍

16.3　乳剂层脱落

问题解析：图 16-3 中，因胶片在显影之后，走片阻塞造成胶片折叠，使得两胶片折断，定影不充分，乳剂层脱落。造成此种情况的主要原因是冲洗机个别滚轴临时卡顿等，应充分清洗冲洗机过片部件后补拍处理。

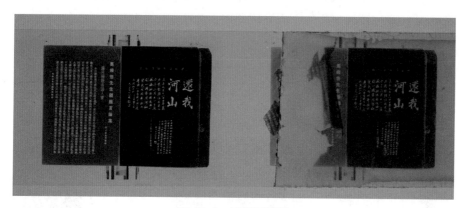

图 16-3　乳剂层脱落

16.4　胶片折痕

问题解析：图 16-4 中，胶片中出现折痕，一般是在胶片缠绕过程中胶片掉落产生的。因此在操作过程中应裹紧胶片，防止胶片滑落、松动或缠绕造成的错向折叠。此种折痕会减弱胶片的机械性能，应补片处理。

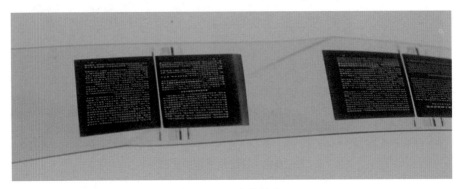

图 16-4　胶片折痕

16.5　划伤

问题解析：图 16-5 中，胶片的画幅处有多处细微划痕，需鉴别划痕在片基面还是乳剂面，以及是否进入到影像正文影响正文文字。此种划痕一般是在操作胶片时摩擦胶片产生的，应补拍处理，并注意精细操作。

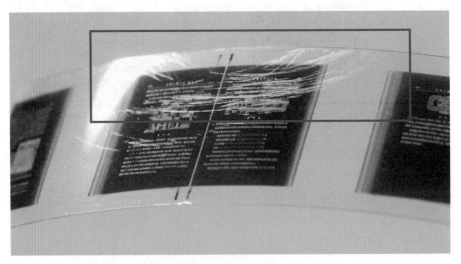

图 16-5　胶片碎屑划伤

16.6　乳剂层刮起

问题解析：图 16-6 中，在胶片影像正文固定位置有乳剂层的刮起，此时应在检查冲洗机各个滚轴的基础上补拍相应的片段。

图 16-6　胶片正文固定位置乳剂层刮起

17　缩微原底片补片与包装质量图谱

17.1　接片

17.1.1　接片规则不正确

17.1.1.1　书刊类文献接片

问题解析：图 17-1 中，接头左侧影像页面无"3"的"影像"，不符合重 3 拍原则，即书刊类文献在接片时接头两侧是重复的连续 3 个画幅。此种情况需要重新补拍。

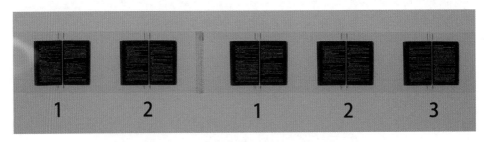

图 17-1　书刊类胶片接头处未重复画幅

17.1.1.2　报纸类文献接片

图 17-2 中，在报纸的接片中，接头两侧的图像不一致，不符合接片的要求。标准要求接头两侧的 3 个画幅是一样的，未将接头处画幅重复补拍接片则会在拷贝的过程中因为接头的凸起导致透射平面倾斜，造成虚像等，影响文献信息的清晰度和完整度，该种接片应冲洗补片后再接片。

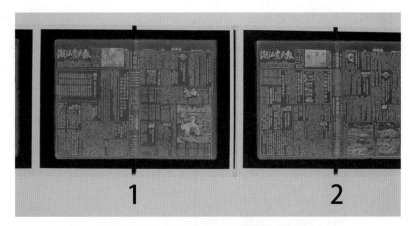

图 17-2　报纸胶片接头处画幅重复不准确

17.1.1.3　古籍和数转模类文献接片

问题解析：图 17-3 中，接头两侧的切片留白过少，可能会影响正文内容及接片失败后的再次接片效果。古籍和数转模类文献在补片时补拍整册书或整个文件夹内图像，并在分档空白处接片。接头处前后无重复画幅，因此在切片时应预留更多留白，以免影响正文内容。

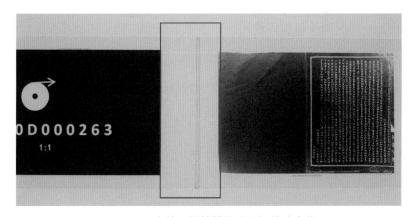

图 17-3　古籍和数转模接头处切片不合格

17.1.2　接片不牢靠

问题解析：图 17-4 中，接口位置未完全连接牢固，接片不合格，应重新接片。在重新接片前，应检查接片机压力是否正常，压力过大易将胶片压断，压力过小则不能使胶片紧密结合在一起。

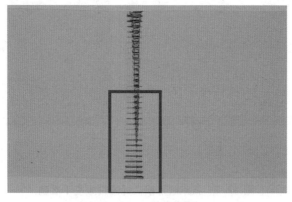

图 17-4　接片断裂

17.1.3　接头未对齐

问题解析：图 17-5 中，接头处纵向位移较大，可能会导致在胶片拉伸过程中纵向的撕裂，造成接头断开。应重新接片，无法重新接片的应补拍处理。在接片时应将胶片一边紧贴卡槽一边，防止胶片纵向移动。接片后对于接头处小于 0.05mm 的纵向位移可以使用医用手术剪修剪，但要注意接头处应修剪平滑，不对胶片造成二次伤害。

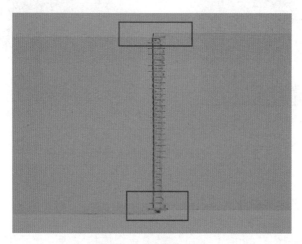

图 17-5　接头未对齐

17.1.4　接头空拍间隙过长

问题解析：图 17-6 中，接头左侧的预留空白片太长，影响胶片的美观度。根据标准接头两侧预留至少25mm间隔[①]，即2/3拍所占空间，该余量确保在接片失败后再次接片时有足够的操作余量。

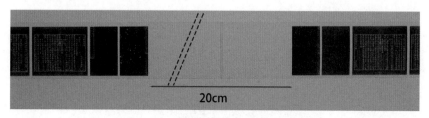

图 17-6　接片时接头处空白片过长

17.1.5　接头数量超出要求

问题解析：图 17-7 中，一种文献中已有 4 个接头，再加上该盘胶片中其他文献的接头，已超过标准中对整盘胶片接头总数的要求。按照要求一整盘胶片中接头数量不超过4个，2米内不允许超过2个接头[②]。因此在开具补单时应综合评估接头数量和位置，胶片影像质量问题较多时应连续补拍，避免补拍若干片段而造成接头过多。严重情况时，需退补整种或整盘胶片。

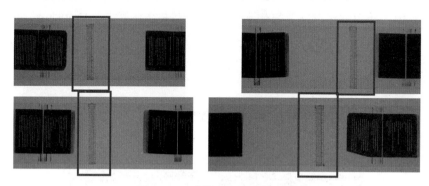

图 17-7　胶片中接头数量过多

---

①　接头两侧间隔25mm的要求可参考《缩微摄影技术　有影像缩微胶片的连接》（GB/T 12355—2008）中附录A.4的论述。

②　2米内不允许超过2个接头的规定参见《中文普通图书缩微摄制规范》（SW/YW 022）中6.2.3款。

17.2　护片条填写信息不规范

问题解析：图 17-8 中，片盘细目未书写，不能够体现出该盘报纸的起止信息，应补充填写。报纸胶片护片条上应填写相应的片盘代号、文献名称、片盘细目等。

图 17-8　报纸胶片护片条填写不规范

17.3　标签打印和粘贴

17.3.1　标签打印信息不规范

问题解析：图 17-9 中，打印的标签各式各样，只有左下角的格式较为准确。其中，使用"；""、"等作为连接符的均不符合要求，且单种的"1：1"不用书写。在打印标签时，应根据标签格式要求进行设置，可以用自动化模板自动生成，必要时可以手动调整输出的模板。

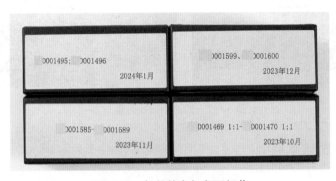

图 17-9　标签信息打印不规范

17.3.2　标签粘贴位置错误

问题解析：图 17-10 中，标签粘贴歪斜，影响美观度。粘贴标签时应对准胶片盒边缘，保持平行，上下左右居中，粘贴歪斜的应该重新打印粘贴。图 17-11 中，标签粘贴方向与胶片盒开合方向相反，不便于阅读，也不利于入库后的取用，会给整体划一的流水线作业造成一定的困扰，应及时纠正此种贴法。

图 17-10　标签粘贴歪斜

图 17-11　标签粘贴在胶片盒背面

18 缩微拷底拷贝片质量图谱

18.1 解像力低

问题解析：图 18-1 中，观察解像力测试图，ISO 2 号测试图中 4.0 对应的横线对无法分辨开，低于拷底片要求的最低解像力要求。造成解像力低的可能原因有：母片本身解像力低、装片时母片和拷贝片胶片乳剂面没有相对放置、拷贝操作不当、拷贝机故障等。根据具体原因可以选择使用影像清晰的母片、调整拷贝操作、检修拷贝机等解决方案。

图 18-1　拷底片解像力降低

18.2 拷底片密度低

问题解析：图 18-2 中，影像页面密度低于标准要求或相对其母片过低，且部分页面密度十分不均匀，呈现出边缘密度更低，直至整个页面密度都低于标准要求。造成拷底片密度低的可能因素有：拷贝机曝光量过高、拷贝片过期、冲洗机速度过快、温度过高、药液浓度低、母片本身密度低等情况。针对此种情况，应先反馈给拷贝、冲洗岗位的工作人员，并确定造成拷底片密度低的原因，再根据原因考虑解决方案。例如，因为母片本身密度低的，则优先调整拷贝机曝光量。

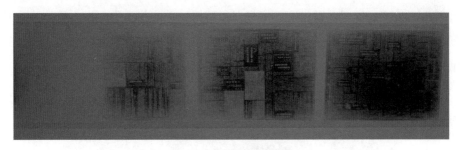

图 18-2　拷底片密度低

18.3　拷底片密度高

问题解析：图 18-3 中，影像页面密度高于标准要求或相对其母片过高，且在胶片留白位置呈现棕色，导致正文影像无法显示文字内容。造成拷底片密度高的可能因素有：拷贝机曝光量过低、拷底片生片曝光、冲洗机速度过慢、温度过低、药液浓度高、母片本身密度高等情况。针对此种情况，应先反馈给拷贝、冲洗岗位的工作人员，并确定造成拷底片密度高的原因，再根据原因考虑解决方案。例如，因为母片本身密度低的，则优先调整拷贝机曝光量。

图 18-3　拷底片密度高

18.4　透明无影像

问题解析：图18-4中，拷贝片大范围是透明状态，没有文献内容。造成透明无影像的可能因素有：拷底片曝光量过高、没有正确曝光、冲洗机药液浓度严重不足等。针对此种情况，应先反馈给拷贝、冲洗岗位工作人员，并确定问题原因，再根据原因选择降低曝光量、维修拷贝机、调整拷贝操作、调整药液浓度等解决方案。

图 18-4　胶片透明无影像

18.5　拷贝片上有划痕

问题解析：图18-5中，胶片上出现横向划痕。可能造成的原因有：拷贝机输片装置有异物、冲洗机输片装置有异物等。根据具体原因清除拷贝机或冲洗机异物。

图 18-5　拷贝片上有划痕

18.6　拷贝片上有水渍、药渍

问题解析：图 18-6 中，胶片上出现水渍、药渍。可能造成的原因有：冲洗机速度过快水洗不充分、冲洗机夹板松动等。质检人员遇到这种情况应及时反馈冲洗人员，如水渍、药渍较少则擦去即可，若较多则视情况水洗整卷，水洗不能去除的，应重新拷贝。

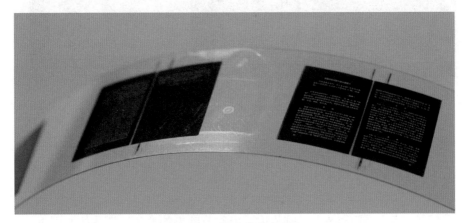

图 18-6　拷贝片上有水渍

18.7　拷贝片局部密度异常

问题解析：图 18-7 中，拷贝片整体密度正常，局部密度异常。造成的可能原因有：冲洗机异常导致胶片浸泡在药液里的时间过长、拷贝机灯光不稳定、拷贝操作有问题等。质检人员遇到这种情况应及时反馈冲洗人员、拷贝人员，依据情况处理好后重新拷贝。

图 18-7　拷贝片局部密度异常

18.8　拷贝片卷边

问题解析：图 18-8 中，胶片边上出现荷叶形的卷边。造成的原因可能是：在使用环形输片的大型冲洗机冲洗胶片时，装片失误或输片装置失调造成胶片冲洗时受力不均匀，从而导致在胶片穿过"导向片轮"时，胶片与冲洗机摩擦产生卷边现象。出现这种情况应及时反馈给冲洗人员，待调整好机器后重新拷贝。

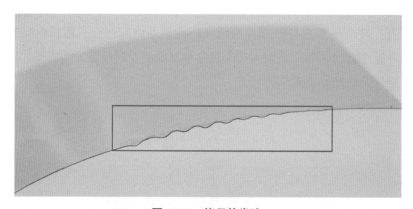

图 18-8　拷贝片卷边

18.9　拷贝片有指纹印痕

问题解析：图 18-9 中，胶片上出现白色指纹，这一般是冲洗完成后未佩戴手套直接接触胶片，造成在胶片上遗留指纹印痕。在拷底拷贝中，如果是黑指纹则是因为胶片制作过程中用手指触摸了生胶片药膜面，显影后就是黑指纹。这种情况需反馈给拷贝人员重新拷贝。如果是可以擦掉的白指纹，则用干净棉布擦掉并反馈给相关环节工作人员。

图 18-9　拷贝片有指纹印痕

18.10　无效画幅

问题解析：图 18-10 中，影像页面上有 5 个规则小孔，仔细检测后发现这些小孔是无效画幅标志，是在原底片上打孔标识该叶影像无效；进一步发现右侧画幅的影像和此处的影像一致，判断为重复页面，此前的质检会对重复页面打孔标记，而在现在的质检工作中一般不打孔做标记，以保护胶片完整性。缩微中心成立之初拍摄的胶片，各类非常规标志较多，在拷贝的过程中应注意辨识。

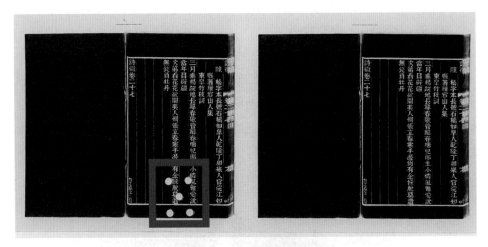

图 18-10　无效画幅标志

后　记

本书是缩微中心原底片质检团队联合相关胶片制作技术骨干编写的缩微胶片质检培训教材，也是缩微中心推出的首个包含胶片质检原理、方法和图谱的质检教程，是对老一辈缩微人质检经验的总结和升华，同时也凝聚了年轻一代缩微人对缩微工作的思考。在本书付梓之时，首先，我代表本书的编写团队向国家图书馆出版社及诸位编辑致以诚挚的谢意。国家图书馆出版社作为国内首屈一指的编辑出版中华优秀传统文化典籍的中央级出版社，使众多珍本文献得以保存和传承，为学界提供了大量优秀典籍，是为利国利民的伟绩。国家图书馆出版社秉承专业的出版精神，不仅让书写在古籍里的文字活了起来，还在出版行业确立了牢固的地位。本书此次能在国家图书馆出版社出版，实乃幸事。

其次，要感谢在本书编写过程中给予支持的诸位缩微技术专家以及年轻一代的缩微人。正因为缩微技术专家40多年的积累和沉淀，才让国内的缩微事业薪火相传；正因为充满朝气的青年缩微人的加入，才让缩微事业后继有人。此外，还要特别感谢本书的技术顾问李铭老师。李老师一生致力于国内缩微事业的发展，笔耕不辍，粗略统计其发表各类论文、标准等150余篇。在耄耋之年依然活跃在缩微事业前线，对最新缩微发展动态了如指掌。在本书的编写过程中，李铭老师精益求精，从标点符号斟酌到遣词用语考究、从基础理论把控到前沿技术标准探索，无一不散发出对缩微事业的热忱和激情，其实事求是、不断钻研的学风，坦荡如砥、率真随性的品格，兴趣广泛、追求高雅的生活态度，都是我们青年缩微人学习的榜样。另外，也要感谢全国20余家缩微中心成员馆，与成员馆缩微工作人员的沟通交流不断打破我对缩微工作认识的局限，激励我深入思考缩微工作的各个层面。

本书的缩微胶片质量检测框架是本人在总结前人研究的基础上结合质检流程的实际要点提炼而成的，涵盖了胶片质检过程中的关键质量要素，并融入了本人 8 年来对胶片质检的所思所想，体现了本人对质检岗位和缩微事业的深度思考。有幸以缩微新人的身份组织编写本书，除了要感谢编写委员会同事的鼎力支持外，还要重点感谢缩微文献部的王磊主任，王主任将编写重任交与我，是对我的绝对信任。自组织编写以来，我兢兢业业，不敢松懈，查阅标准，补充缺失，旁征博引，规范操作。此次编写工作虽然任务繁重，但也深深改变了我对缩微工作的态度，重塑了我的世界观、人生观和价值观。缩微工作看似枯燥无味，但如果在工作中找到意义和乐趣，并重新看待这份工作，那这项工作也就有了新的意境。

在本书编写之前，已有较多的论文、著作对缩微胶片质检进行了全方位的阐述，对比看来这些研究大同小异，甚至有重复研究之嫌。当然本书的内容很大一部分也是脱胎于前人研究，但本书将枯燥的缩微质检国家和国际标准以及业务规范同实际的质检流程有效地结合在一起，图文并茂，是其他研究所不具备的。大量的案例胶片结合问题解析，全方位地把胶片生产过程中遇到的各类问题囊括其中，很多经典问题值得大家细细琢磨，并研究如何改进。期待本书的出版对缩微工作、缩微胶片质量的提升有所裨益。

孔子曰：窥其门，不入其中，安知其奥藏之所在乎？本书虽建立了缩微胶片质检的总体框架，并明晰了质检的原理，但在具体的操作过程中仍需要质检人员根据自身经验进行综合判断，切不可照本宣科。在检测胶片的过程中，质检人员应时刻牢记最原始和最朴素的原则：文献必须能够原貌保存至未来。任何违背此项原则的缺陷都必须做出恰当的处理，只有这样，质检技能才能不断提高，质检直觉才会越发灵敏，漏网缺陷胶片才会越来越少。如此，才能深刻理解胶片质检工作的内涵，无愧于 500 年后的读者。

本文提出的缩微胶片质量检测框架，经历了从最初的"八步质检法"到本书最新的"四绕八检法"的转变，这一转变是一个质的飞跃，使标准质检流程更具体、更全面。当然，"四绕八检法"概念的提出也得益于生成式人工智能 DeepSeek 的润色和提炼，使缩微胶片质量检测的内涵更加丰富和成熟。这也启示我们，在人工智能时代，缩微技术应不断与新技术结合，创造出属于缩微事业的新局面。

下一步，缩微中心将借本书出版之机，建立缩微胶片在线案例库。届时将动态更新各类胶片案例，同时也会依据缩微胶片质检流程框架，拍摄规范操作流程供广大缩微同人参考学习。在这里期待缩微胶片在线案例库和缩微质检操作课程早日落地，造福业界。

　　未来，随着缩微工作的发展，势必会有更多其他规格或文献类型的缩微胶片等着质检人员去检验。届时也期望未来的缩微胶片质检人员不忘初心，秉持对文献负责、对胶片负责、更对未来读者负责的态度检验胶片，在传承文明的同时，服务更广大的读者用户。

樊向伟

2024 年 11 月于国家图书馆